智元微库
**OPEN MIND**

成长也是一种美好

# 财商觉醒

## 让你更赚钱的27个微习惯

潘幸知 著

人民邮电出版社

北京

**图书在版编目（CIP）数据**

财商觉醒：让你更赚钱的27个微习惯 / 潘幸知著.
北京：人民邮电出版社，2024. -- ISBN 978-7-115
-65137-2

Ⅰ. F275-49

中国国家版本馆CIP数据核字第2024PP8033号

◆ 著　潘幸知
　　责任编辑　杨汝娜
　　责任印制　周昇亮

◆ 人民邮电出版社出版发行　　北京市丰台区成寿寺路11号
　　邮编 100164　　电子邮件 315@ptpress.com.cn
　　网址 https://www.ptpress.com.cn
　　北京天宇星印刷厂印刷

◆ 开本：880×1230　1/32
　　印张：8.125　　　　　　　　　　2024年10月第1版
　　字数：200千字　　　　　　　2024年10月北京第1次印刷

定　价：59.80元

读者服务热线：（010）67630125　印装质量热线：（010）81055316
反盗版热线：（010）81055315
广告经营许可证：京东市监广登字20170147号

# 赞　誉

幸知的这本书，用自己和女性学员蜕变的亲身经历，详述了女性的 27 个财富卡点，并提供了相应的财富锦囊。这是一本财富秘笈，更是一份励志宝典。因为"从来没有什么绝对的失败。只要你带着失败的经验，完成认知迭代，就不会两次踏进同一条河流"。

——电子科技大学经济与管理学院教授　**陈璐**

幸知的新书从信念、责任、冒险、合作、未来五个维度入手，以现实生活中真实的故事为基石，帮助女性打通财富的卡点，是一本实用型很强的书。在当前大环境下，如何建立"健康、爱、财富"的和谐关系，是一个非常重要的课题。

——中欧国际工商学院创业管理实践教授、

中欧创业营课程主任　**龚焱**

莎士比亚说过："女人啊，你的名字是弱者。"一些关于女性的偏见根深蒂固，但是社会进步赋予了现代女性主宰自我命运的主动权。你不想变为别人口中的弱者，就要学会如何让自己变得强大、独立。改变自我的认知，保持自我进化的能力，让自己经济独立，你才有选择和拒绝的底气。潘幸知女士现身说法，道出女性成长之路上的磕磕绊绊，追求事业之路上的层层蜕变。她将用经验与智慧、信念与责任，为你展示你的认知所能够达到的成就与高度。

——哈佛大学教育研究院访问学者　**梁凤**

北京大学光华管理学院会计系副系主任、

高层管理教育中心执行主任　**罗炜**

幸知是一位出类拔萃的心理情感专家，令人惊喜的是，她把心理学的知识创新性地运用到了女性财富和创业领域，阐述了如何透过现象看本质，帮你扫除阻碍财富增长的卡点与屏障，疗愈潜意识中的创伤。读完这本书，你会发现："决定财富多少的绝不是赚钱的方法，很多时候，困难来自你内心深处的消极金钱观、内在创伤、思维定势。"

——北京师范大学心理学部教授　**蔺秀云**

幸知一直致力于帮助更多的女性实现自我价值。在本书中，她更是通过 27 个财富卡点，引导读者逐步建立健康的金钱观和积极的财富态度，实现个人价值与经济独立的双重提升。无论是职场女性还是全职母亲，都能从中获得启发，开启属于自己的财富自由之旅。

——独角兽创业营创始人　**刘斌、郝玺龙**

人生就是要"在不确定性中寻找确定性，在不连续中创造连续性"。幸知女士的这本书告诉我们，一定要着眼"未来"，在坚定的"信念"指引下，通过"冒险"寻找到人生的"确定性"；同时，在强大的"责任"驱动下，利用"合作"找到人生的"连续性"。

——北京大学光华管理学院组织与战略管理系教授、

教育部长江学者特聘教授　**路江涌**

很多年前，我在欧洲的商学院课堂中发现女生比男生多，近年发现这种趋势正出现在中国商学院的 MBA（工商管理硕士）

课堂中。这是中国新一代女性追求知识与职业成长以及个性独立的体现。幸知的新书适逢其时，它为追求财富和个性，正遭遇传统与世俗束缚以及正面对现实挑战中的女性提供了一种多维、新颖的视角，使她们获得力量与方法，继续前行！

——葡萄牙里斯本大学学院管理学教授　**马绍壮**

---

幸知把自己活成了一束光，成为现代女性实现情感自立和财富独立的学习榜样。这本书将理论和案例巧妙融合，生动且实用，相信追求财富自由的女性都会从中找到共鸣。

——中国人民大学社会工作与社会政策系教授　**张会平**

---

幸知是我的学生，她身上总有股积极向上的能量。这几年她攻读博士，搭建心理平台，现在又办了"幸知商学"。希望这本书的出版，能激励更多的女性走向成功！

——清华大学经济管理学院长聘教授、

中国工商管理案例中心主任　**郑晓明**

# 提升财富素养，收获自在人生

有一类人，他们的一言一行都能聚集财富，赚钱能力很强。恰巧，周围的人也经常夸我是这样的人，还总问我有没有什么秘诀。

我确实深思过这个问题。如果真有秘诀，那它可能就藏在我的个人经历中。

2005 年，我临近大学毕业。我没有显赫的家世背景，没有优秀的学历，也没有特别厉害的实习经历。在北京这样一个人才辈山、竞争激烈的地方，我最担心的问题是如何养活自己。

同年，我在北京的一家精神专科医院实习。那时，我最大的梦想是得到一些不同寻常的人生经历，然后把它们写成小说，通过写小说赚钱。除了写作，我似乎找不到自己的其他优势。

我拿着厚厚一沓写好的文章，在北京的中国国际展览中心招聘会上给各家纸媒投递简历，但没有一家录用我。我看见有一家公司在招审读员，这个职位勉强和文字有关，且无人问津。于是，我走过去向坐在那里的招聘人员递上了简历。招聘人员问我："你知道什么是审读员吗？"我说："是不是看文稿中有没有错别字的？我这方面很厉害的。"后来，我并没有接到这家公司的面试通知。

2006年年初，我在网上认识了搜狐公司的一名编辑。他说："你不是想要当编辑吗？我们公司招实习生，一个月1000元。"于是，我进入搜狐实习，主要工作是"扫黄打非"。

为了顺利通过实习期转成正式员工，我几乎用尽了所有的努力，其中的辛酸一言难尽。最后，同期一共20个实习生，只留下了我一个。

转正后，我的月工资是3000元。工资并不高，但是能入职当时盛极一时的互联网公司，我倍感荣幸。其后，在将近7年的时间里，我从做文字编辑开始，到研究公司财报、采访用户，再到研究摄影、摄像、策划，我做过各种不同的事情，我几乎对所有的事情都感兴趣。做这些事虽然没有立竿见影的金钱收益，但是有以上经历作为积淀，培养了我持续收益的能力。

我认为判断一份工作有没有含金量的关键首先在于你眼界的高低，你能否看到别人看不到的东西。其次是累积，在一个岗位上，你至少要用一年的时间，才能看到你过去看不到的人和事，摸清什么是"运"，什么是"势"。

在搜狐工作期间，我积累了大量的人际关系资源，认识了不同行业的人，比如律师、新闻工作者及文艺工作者等。我善于挖掘他们的需求，比如，艺人需要热度，我就帮助他们策划营销方案，赢得更高的关注度。

我也策划了一些网络热门营销事件，在一些热点话题事件中，我通过专题制作，让热点概念深入人心。

现在回想起来，那是一个多数职场人都要经历的阶段，我这样做一方面可以积累资源，另一方面能够锻炼自己的能力。

此时，我正处在赚钱的初级阶段，我接触了各行各业的精英，也在时刻寻找着属于自己的机会。

为了增加收入，我想到让经验变现，于是把自己的资源和能力做了匹配，寻找有需求的个人或者公司，帮他们在互联网打造影响力。

作为普通的职场人，我人生的第一桶金就是在这个阶段获得的。我用自己掌握的渠道和资源，给一位企业家做了一个营销方案，在两周之内，我赚到了六位数。对那时的我来说，这笔钱相当于我几年的工资，更重要的是，它给我带来了前所未有的信心。

赚钱的机会总是转瞬即逝，我庆幸自己马上就能付诸行动。所以，不要低估信念和行动对赚钱的影响力。如果不坚信自己可以赚到钱，你就不会把精力用在想方设法赚钱这件事上。而你只要稍微比别人多行动一步，就能抓住赚钱的机会。大多数人经常纸上谈兵，嘴上说要努力实现什么愿望，却没有付出什么行动。

后来，我在组织"财富训练营"时，发现很多收获过人生第一桶金的人都有一个共性：越是经历过获得第一桶金的喜悦，越有赚钱的冲动和渴望，也越能成为金钱的掌控者。

在做了五六年的编辑之后，我开始思考工作转型。我的母亲是一名医生，她在这一行业干了一辈子。她认为，一个人的安全感源于职业技能，很多长辈都持有这样的观点。

那时候我想，一个人的职业安全感来自两点：一是职业技能，即成为专家；二是具备一个管理者所应有的能力。

2012 年，我被猎头挖到央视国际网络有限公司的新闻中心，负责新媒体培训方向的工作。之后，我在微博上兼职承接企业的产品宣传活动，并找到有影响力的互联网 KOL（关键意见领袖），进行内容分发。这项兼职工作也为我转型做管理工作奠定了良好的基础。

2014 年，31 岁的我辞职成立了第一家公司，开始创业。当时自媒体势头正猛，我借助过去的经验，从打造 IP（知识产权）做背后推手，到走到前台做自己的 IP。我从做自媒体"潘幸知"开始，从 0 到 1 打造了"幸知在线"女性心理成长平台。

从做自媒体开始，我就吸引并聚集了大量有情感和成长困扰的女性，同时我也知道，许多心理咨询师的收入是不稳定的。我通过"幸知在线"，把他们连接在了一起。所谓"后其身而身先"，在满足别人的需求之后，我也获益匪浅。在两年时间内，公司完成了年营收从零到千万元的蜕变。

公司运转起来，更是倒逼着我快速成长。创业至今，我投入在自我我成长上的花费接近 200 万元。在创业的 10 年里，我进步飞快，在创业的同时，我拿到了清华大学经济管理学院高级管理人员工商管理硕士学位，其后又拿到了葡萄牙里斯本大学管理学博士学位，我博士论文的研究方向是"女性创业与家庭关系的双向赋能"。对我来说，我的职业和学业又何尝不是一种双向赋能呢？

在创业过程中，我遇到过合伙人撤资、高管离职等问题。很多次，我似乎被逼到了墙角，但我又绝处逢生。这些磨砺让我对女性情感与职业的抉择、女性创业的特色与问题、女性之间的合作特点都有了更深的体会。以往的经历是我的财富，我把它们融入我的课程，也融入这本书里。

随着有更多女性因创业、成长问题前来咨询，在 37 岁时，我再次创业，在广州创立了"幸知商学堂"。我和团队研发了很多财富类的课程，致力于让每个囿于困境的女性看到生命的力量，完成对幸福与财富的认知升级，形成全新的生命价值观。

如果你问我："幸知老师，您到底如何定义'财富'这两个字？"我会告诉你，关于财富的定义有两个维度：一个是金钱维度，另一个是心理维度。

心理财富是第一位的，你的心理财富增长了，意味着你有足够的驾驭金钱财富的心理能力与素养，很多时候金钱财富也会随之而来。但金钱财富的增长不一定能给你带来心理财富的增长；相反，如果你没有足够的驾驭能力，那"飞来横财"带来的将会是焦虑与苦恼，财富甚至会将你推向痛苦的深渊。

赚钱本来就是为了快乐，如果你的心里感觉不快乐，那么你赚再多的钱也没有意义。如果想要获取金钱的财富，那么你就要先去补足心理财富。

我带领了很多期财富训练营，学员中有来自全国各地的女性，她们讲了自己在赚钱方面遇到的问题，尤其是反复遇到却难以突破的问题，我称之为"财富卡点"。

我发现女性的财富卡点有很多相似的地方，所以，在本书中，我将把关于财富认知的几个关键主题与财富训练营中的一些真实案例相结合进行介绍，与大家分享如何突破这些财富卡点。

过去，我们经常谈论婚姻幸福、情感满足对女性的重要性。而在一线咨询案例中，我看到很多女性在人生的低谷期，面临的是情感支撑和财富支撑同时缺失的尴尬处境。

因此，在本书中，我希望借助一些真实案例，让更多女性突破财富卡点，养成"吸金"<sup>①</sup>体质，获得更自在的人生。

近一两年，我开始从容享受自己在商业世界里的女性身份，也享受自己在婚姻中财富自由、情感自立的状态。

我希望，有越来越多的女性朋友可以做到"一手拥有钱，追求财富自由；一手把握爱，追求生活幸福"。

---

① 网络语，指快速获得金钱。——编者注

# 目 录
CONTENTS

# 第一章　信念

# 1.1

## 你的思维被限制了吗

"作为女性，你是如何平衡事业和家庭的？"

这个问题曾经跟随前央视主持人张泉灵被热议。当时张泉灵已经告别央视，投身商界。她非常反感这个问题，为什么世人会对女性如何处理这个问题感到好奇？

她告诉提问的记者，这个问题本身就带有偏见，因为它只针对女性。

很多成功女性在公开采访中都逃不开被问这个问题。某位知名女企业家，已经用 30 年的奋斗证明了自己在事业上的成就，却仍然在公开活动中多次被问到有关个人情感、子女教育的问题。对于她作为企业家的那一面，人们似乎已经足够了解，反倒开始带着批判的眼光去看她是如何平衡企业家、单身女性、儿子的母亲等多重身份的。

作为女性，不管你的事业发展得如何，但凡你在婚姻、家庭方面存在一点遗憾，你的人生便都好像有所缺失。事实上，平衡家庭和事业是每个女性都需要面对的一大难题。

在十多年的咨询工作中，我见过太多女性被这个难题裹挟和困扰，她们挣扎、痛苦、无助、崩溃……我很希望可以帮助她们破局。

在攻读管理学博士学位时，我便将"女性家庭与事业冲突"作为博士论文的研究方向，而这份纯粹的初心和极强的现实意义，也让我的研究得到了导师的大力支持。

在研究过程中，我惊讶于一连串"血淋淋"的数字。经济合作与发展组织 2016 年的性别研究数据显示，中国女性平均每天的家务劳动时间为 2.6 小时，而男性仅为 48 分钟。这 3.25 倍的差距，让人触目惊心。2022 年，智联招聘数据显示，求职时，有 61.2% 的女性会被问及婚育问题，而男性几乎不会面临这种"刁难"；而且女性在生育后，她们的月均收入和男性的收入差距甚至会拉大近 4 倍。

从现实角度而言，更惨痛的是，很多曾经的职场女强人，在生育后，连求职成功都变得难能可贵，这意味着女性需要付出更多的努力，才能抓住这"珍贵的机会"。而在一些贫困地区，女性员工在巨大的工作压力下会产生更强的挫败感以及厌烦感，这又会让她们不得不减少在家庭角色中的投入，而这也无疑进一步强化了女性的家庭与事业冲突。

有研究证实，与男性员工相比，女性员工受到的角色冲突和压力更大，更容易产生职业倦怠，并有"无助、无力、无奈"的情绪耗竭倾向。

那这些冲突是无解的吗？有哪些方法可以帮助女性摆脱这些"魔咒"？女性想要在财富上实现量与质的突破，又需要攻克哪些关键"财富卡点"？接下来，我会逐一进行解答。

## 财富卡点 1 害怕被贴上"女强人"的标签。

有人说："人与人的差异，有时比人与猿的差异还大。"而我想说，很多时候，女人与男人的差异，比人与人的差异还大。

比如，男性喜欢直来直去，女性更爱婉转修辞；男性擅长逻辑推理，女性擅长形象思维；男性购物压力大，女性购物却非常愉悦；女性偏爱幻想，男性更重视现实；男性是视觉动物，女性是听觉动物……

其中，有一条非常重要，并且会严重妨碍女性全力拥抱财富的性别特质差异，便是"在一定程度上，女性追求小圆满，而男性追求大成功"。

似乎对于女性来讲，成为女强人是一种错误的选择，是不被认可的，是被质疑和嫌弃的，女强人总有一天会被婚姻和伴侣抛弃，这似乎才是大家觉得正常的结果。

这其实是既可悲，又可恶，更可叹！

在财富训练营中，我的一位学员 A 曾表示，自己害怕有钱，不敢全力追求事业发展，担心自己变成别人口中的"女强人"，因为女强男弱会让亲密关系失去平衡，甚至导致婚姻破裂。

针对女性成功的研究发现，中西方女性都明显存在"成功恐惧"的心理倾向，其中的关键点就在于成功与婚姻幸福间貌似存在冲突。

"成功恐惧"是马蒂纳·霍纳在 20 世纪 60 年代提出的心理学概念。她在研究中发现，在现代社会，女性成功的心理障碍是根深蒂固的，她把这种障碍称为"成功恐惧"。女性往往认为自己的成功必然伴有消极的结果，比如失去女性气质、有被社会抛弃的风险等。

女性越成功、越独立，就越担心自己没有"女人味"，成为别人眼中失败的妻子或者不称职的母亲。相反，男性在事业上越成功，就越被认为有能力，从而成为有魅力的丈夫和父亲。

社会的话语体系对男性和女性的形象塑造有着非常大的差别。如果一个家庭在经济实力上女强男弱，那么这个男人会被认为懦弱无能，缺乏男子气概；而这个家庭的女人多半会因为事业的成功，而担忧自己是否过于要强，不够温柔贤惠。

为什么会有这样大的差异呢？

男性的成功，往往单纯指在事业上有所成就，一些人认为，男性只要事业成功、拥有财富，家庭关系便可以随时建立。但社会对女性成功的要求会更复杂一些，除了事业上的成功，还有婚姻关系的经营、子女的养育等。

女性承担的身份是多重的，她们似乎必须游刃有余地平衡这些身份，承担起每个身份所代表的责任，处理好这些关系，仿佛只要哪一项稍不尽如人意，她们就不是合格的女性。

然而商业世界是理性而又残酷的，如果你一开始就把自己定义为女性，觉得同时平衡事业和家庭的自己是多么不容易，那么很遗憾，商业世界从来不会因此而对你产生任何怜悯。

这就让女性对金钱的态度变得有些复杂。人们似乎有个约定俗成的观点：因追求金钱而失去家庭的女性，并不可爱；但因追求家庭幸福而放弃事业的女性，却是可爱的。

因此，很多女性对金钱的态度为又爱又怕，她们既渴望通过金钱让自己获得更多的安全感，又害怕获得金钱会影响家庭幸福。而一旦女性的婚姻出现问题，她们又会加倍渴望金钱，想使自己拥有独立生活的资本和底气。

那么，成功恐惧会对女性产生什么影响？

成功恐惧会影响女性实现成功的信心和决心。我发现很多女性提到自己赚钱动力不够，就像前文提到的那位学员 A，即便知道自己还有赚钱的能力没有发挥出来，仍然会犹豫，赚钱动机不够强烈。

女性更容易因为成功而引发焦虑。一旦事业成功可能威胁到家庭幸福，许多女性便会选择牺牲事业。女性更容易因为人与人之间的关系，而牺牲人与未来金钱的关系。

为了家庭而牺牲事业时，女性更渴望得到"陪伴关系回报"。虽然这样的牺牲是女性自己的选择，但是她们还是会更加渴望家庭的"陪伴关系回报"，比如丈夫的温存、孩子的陪伴等。

但是，很多丈夫并不能做到随时陪伴。所以，女性不得不把爱完全倾注在孩子身上，因为对孩子的爱更能够得到陪伴关系回报。

但其实，女性对陪伴和爱的高需求，本质上体现了一种内在爱的能量的缺失。为什么有很多女性朋友很难把事业当成一个非常重要的、可以去冲锋陷阵的目标？因为她们根本没有能量去做这件事。

内在能量的缺失让她们只能慌乱、崩溃地从身边寻找可能的拥抱，来获取温暖能量的疗愈补充。

但我们都非常清楚，从外部寻求来的爱与能量，是没人能保证充盈且长久的，关键还是需要女性从自我内部来强化爱的能量。高级的爱不是获取和占有，而是给予和奉献。

那么，女性要如何超越成功恐惧，由内而外地释放爱的能量，获得成功和幸福呢？

在这里，我给大家介绍 5 个很好用的"爱的锦囊"，它们来自美国知名心理咨询师盖瑞·查普曼老师的《爱的五种语言》。

## 1 › 肯定的言辞

驯兽，一般采用糖果加鞭子的驯化方法，也就是以肯定和否定的方式（即奖赏和惩罚）对动物进行强化训练。而海豚是唯一一种不能被惩罚的动物，只能被用正面肯定的强化方式训练。我们人类，于某种程度上亦如是。

有人可能会问："我肯定他？那他岂不是更得意了？""做错了不罚，做对了还表扬？我没听错吧？"

是的，你没听错。接下来我就教你如何成为可以熟练运用正向强化"心法"的沟通高手。

正向强化，源于行为主义心理学派的代表人物斯金纳提出的"强化理论"，它指的是，当我们的爱人表现出某种我们欣赏的行为或反应后，我们可以给予其一种奖励或愉快的刺激，以增加该行为在未来发生的频率。

比如，你希望老公多做一些家务，那么哪怕他第一次做家务做得并不够好，你也要表达出你对他的赞赏和愉快的感受，这样他才会更多地尝试去做家务，所谓"好孩子都是被夸出来的"，也是这个道理。

有的人会说，我很难发自内心去赞赏和表扬自己的另一半，他又不是小孩子了。但我想说，你可以试试，因为那是他需要的。请记住，就效果而言，"走心的批评＜无心的赞美＜走心的赞美"。

请永远不要吝啬肯定和赞美。习惯称赞之后你会发现，它取之不尽、用之不竭，也是他人最渴求的。这些肯定和赞美，就像桌上的一束花，为这个空间而绽放。我们肯定对方，不是为了求得回报，而是为了看见爱的绽放。

## ② 〉精心的时刻

在我的高情商沟通课里，有一个学员曾经问我这样的问题："昨晚是我们的结婚纪念日，我做了精心的准备，买了鲜花和红酒，用心布置了家里。为了保持神秘感，我在酒庄选酒的时候没有马上接他的电话，而是过了十几分钟出了酒庄后才回他电话。他却对我非常不耐烦，说我耽误了他的事。我突然觉得这个纪念日也不重要了。晚上我心事重重，想跟他聊聊他这几年的变化，比如他对我的各种不好，以及这段婚姻他还要不要继续……"

精心的时刻，这五个字的表面意思非常容易理解，但很多人不了解它的内涵。

其实，所谓的精心时刻，绝对不是你布置好了一桌美味佳肴，等待他到来后，对他倒一堆苦水，一肚子的委屈，那你的这次精心布置在对方的眼里，就变成了看似美味、实则危险的"陷阱"。

精心的时刻是指用精心的准备来倾听对方的时刻。

我们先听对方要什么，引导对方去表达。所有精心的时刻都是有建设性的。如果有一方心不在焉，精心的时刻就会被破坏。比如你可以试着这样温柔地说："老公，我可不可以请你在晚上睡觉前的十分钟，放下手机？我们一起聊聊天，这样我会感觉很开心，也会睡得很香。要不然我总是玩手机，睡不着。"

在精心的时刻里，双方的焦点一定要一致，彼此都要把全部的注意力集中在对方身上，且双方都不被场外因素所打扰。

### ③ 身体的接触

"在爱人之间，身体接触不仅仅是一种行为，更是一种情感的交流和共鸣。多一次拥抱，就多一分信任！"

人有五感，其中触感遍布于我们全身，当我们的大脑接收到拥抱、亲吻、按摩、牵手、扇巴掌、推搡等触觉刺激后，会将它们转化成多种多样的感觉，其中痛感可以转化成恨意，快感也可以解释成爱意。

换句话说，有爱的身体接触可以帮我们建立一段关系，糟糕的身体接触会毁灭一段关系。比如，一巴掌打在脸上，对孩子来讲，是有伤害的，甚至对一些孩子而言，这种伤害是毁灭性的。你通过巴掌传递给孩子的不满与愤怒，不一定会让孩子停止爱你，但很容易让他不再爱自己。

孩子是这样，成年人也如此。一个善意的拥抱，一次不经意的牵手，对任何伴侣来说都是温暖的。对于爱语是身体接触的人来说，你发出的身体接触的邀请，则是在向他传递你强烈的爱意与温暖。

了解了触摸的神秘力量后，我们回家可以尝试练习起来：给配偶按摩背部，散步时主动牵手，外出前亲吻或拥抱等。相信我，你会有意想不到的收获。

## 4 〉 服务的行动

"对于成年人，尤其是男性而言，单纯只为空洞的语言而感动是少见的，他们想要的爱，是需要通过实际的行动来表达的；当然，很多女性也是如此。"

服务的行动，是指对于你的伴侣想要你做的事，你想方设法借着替他服务，来让他高兴；借着替他做事，来表示你对他的爱。这包括做家务，为伴侣解决问题，帮助他们完成他们觉得棘手的任务等。

服务行为的关键，是要显示出你愿意花时间和精力为对方的需求而付出。对于他们来说，这会是最强烈的爱的体现。但对于不同类型的伴侣而言，他们想要获得的服务的行动的类型，差异是很大的。

比如，对于决策型的伴侣来讲，是服从和支持他，按照他想要的方法做事情；对于自我中心型的伴侣来讲，你要耐心聆听他的滔滔不绝，在公众场合给足他面子等，或者帮助他在人群中脱颖而出。

对于支持型的伴侣而言，你需要给他掌声，多多伸出你的大拇指来点赞，让他知道自己有多棒；而对于严谨型的伴侣而言，你可以多多尝试一些有仪式感的事情，比如庆祝纪念日、精心挑选生日礼物等，那些藏在小细节里的爱，会让他特别感动。

默默支持型和严谨型的伴侣不太擅长表达感受和想法，所以你需要多一些细致的观察，才能了解他们想要的服务和行动是什么，你才能真正地投其所好，事半功倍。

当然，倡导大家用实际行动向伴侣表达爱意，并不意味着你需要成为伴侣的佣人，对他的需求照单全收。你要通过帮助另一半解决问题，来体现你对他的爱。爱需要边界。

## ⑤› 接受礼物

"礼物，是爱的视觉象征，是思念的象征。"

你相信吗？这个世界上最容易学习的爱的语言，就是送礼物了。

对于重视礼物的人来讲，礼物的价钱并不重要，重要的是送礼之人倾注在这份礼物上的心思，在他们眼里，礼物从选到买（或亲手制作），再到被有仪式感地送出，整个过程无不包含着送礼物者的满满爱意。

在送出礼物的时候，你可以尝试这样表达："在某个特定场合，我想到了你，我不是为了买礼物而买礼物，我时时刻刻都惦记着你，看到这个礼物，我就想到了你。"

这样，对方会感觉到你的特别用心，他虽然无法时刻陪在你身边，但他知道你在时刻想着他。

相信我，没有人不会被这样一番巧心所感动。

补充爱的能量，你要先学习爱的五种语言。但同时也要记得，爱不是用愧疚来操纵的："这种小事你都不肯做，也不看看我付出了多少？"更不是威胁对方："如果你再这样我们就离婚，我带着孩子走！"

爱，是需要相互交换，彼此唤醒的。愿你有充盈的爱的能量，不匮乏、不畏惧，能够凭借强大的内在力量，凭借"我很好""我值得"的信念，勇敢地探索你的每一条成长路径。

除了练习使用爱的五种语言，充分补充爱的能量，还有哪些其他方法，可以帮助女性超越成功恐惧，拥抱财富呢？

## 方法一　先独立，再成功

女性需要把自己当成独立的个体，她们有权利决定自己的生活，定义自己的幸福。

当然，选择独立地做自己是需要勇气的，女性还需要拥有在一段情感关系中进退自如的能力，以及在任何环境下，离开任何人都能独自生活的能力。

女性要放下使自己痛苦的关系，努力将从金钱和事业上获得成就变成重要的事。当女性开始变得独立，做自己喜欢做的事情，成为自己想成为的人时，她将不断吸引喜欢她的人和事，也会吸引真正欣赏她、爱她、不畏惧她成功的男人。

一旦女性选择了独立和成功，就相当于她已下定决心为了自己期待的生活奋斗，摆脱依赖他人的心态，不期待别人为自己负责任，她开始为自己负责。

真正的自由是有选择的权利，并有能力去承担这个选择的后果。敢为自己负责的人还有一个优点，那就是在出现问题时，他们总是先想办法解决问题；而那些不能为自己负责的人，在结果不符合自己预期的时候，往往会不遗余力地寻找任何一个外部因素，并将其作为推卸责任的借口。

## 方法二　从"依靠"到"合作"

Meta（元宇宙）原首席运营官谢莉·桑德伯格认为，在平衡家庭和事业时，如果我们希望另一半变成自己真正的人生搭档，得先把对方看成与自己地位平等而且有同样能力的好伙伴。

她建议每位女性都让另一半以自己的方式来分担家庭责任。虽然在短期内，这个过程可能相当辛苦，但此时女性一定要控制自己的挑剔欲，鼓励男性分担家庭责任。

其实，在过往大量的咨询实践中，我发现，很多女性实际上付出了非常多，她们很辛苦，但同时我又发现，她们总是一边抱怨一边又把家务都做了，看起来她们像是在付出中得到了快乐、自我认同和自我感动，但其实她们并没有学会通过合作去获取能量，以及让别人为自己多做事情。

所以，女性破局的关键在于，换一种思维模式，突破认知，把"依靠"变成"合作"，减少陪伴关系在幸福认知上的比重，通过学习，将不安全感尽力变成安全感。

在走向成功的道路上，女性要向男性学习。我们需要陪伴，也需要适应孤独、向上生长。我们应不退缩，挑战焦虑，增强理性思维，改变能量的流动模式，如此我们才能拥有真正的安全感以及更多的选择权。

现在优秀的女性越来越多。我在清华大学经济管理学院读 EMBA（高级管理人员工商管理硕士）的时候，男女比例是 4 ：1，而几年前还是 7 ：1。我相信过不了几年，男女比例也许会达到 1 ：1。

这是美国心理学家菲利普·津巴多所说的"雄性衰落"的时代，也是电商消费统计数据证实的女性消费力崛起的时代。在女性领域创业多年，我也越来越强烈地感受到，这是一个女性力量崛起的时代，是女性可以逐步自由选择人生的时代。女性不再仅仅依靠婚姻来保证经济实力和实现阶层跨越，她们开始靠自己。

更重要的是，很多知识女性自我意识正在觉醒，开始成就自我、创富、使自己内心强大起来，属于知识女性的天下呼之欲出。

## 1.2

# 商业的本质

保持学习是我们对抗发展天花板的有力武器，不过大多数人学习的结果往往是，把钱花出去容易，把钱赚回来难。这是为什么呢？

有一位学员说："我对心理学很感兴趣，这几年也在积极学习各种咨询和疗愈方法。为了学习这些课程，我投入了不少精力，也花了不少钱。但学完之后，为什么还是很难把自己所学的知识变现呢？"

按照她的设想，先把知识学到手，然后用其来服务其他人，同时获取收益，这是水到渠成的事儿。但据我观察，能真正实现这一构思的人并不多，很多人连学费都赚不回来。

## 财富卡点 2 花钱学了很多知识，怎么就变不成钱？

我创业多年，也带过很多心理类的团体课程。我有一个深刻的感受：很多人是站在自我疗愈和成长的基础上学习心理学课程的，而不是站在如何变现的角度学习的。

你可能会反驳：我当然想变现，不然我何必花钱、花时间去学呢？

这听上去很有道理，但仔细分析一下，很多人接触心理学的真正原因是遇到了来自原生家庭、夫妻关系、亲子关系等方面的问题，他们内心真实的想法是，学了这门课程可以解决自己的实际问题，如果能顺便赚点钱，那就更好了。

这世界上没有一件事，是可以"顺便赚钱"的。商业的本质是交易，而不是顺便交易。

大多数人在学习心理学的第一阶段，确实不是为了赚钱，而是为了更好地探索自己。在这个阶段，不为了赚钱而学习，反而是一件好事。

但是，掌握了专业技能并不等同于掌握了商业技能。商业思维要求我们能够用更加多元化的标准去评价自己和目标。

我在清华大学经济管理学院拿到了高级管理人员工商管理硕士学位，我身边也有很多在北京大学光华管理学院、长江商学院、中欧国际工商学院学习过的朋友，我们都有个商业上的共识——商业排第一，技能排第二。

事实证明，无论是个人还是公司，如果把赚钱排在第二，那就永远赚不到钱。

以心理咨询行业为例。心理咨询师和教师一样，是被赋予责任感的职业。在很多心理咨询师的观念里，如果为了赚钱做咨询，是成不了优秀咨询师的。因为心理咨询师要有责任感，要道德高尚。经常有人和心理咨询师说："我没有钱做心理辅导，老师你跟我聊聊吧。"这个要求不会令他们反感，反而让他们更有使命感。很多心理咨询师每个月都会做一些公益咨询，用自己微薄的力量，去帮助一部分人。"幸知在线"也推出过一些公益课程，去帮助有需要的人。我加入了全国心理咨询机构创始人群，群里很多人说，他们一半的时间都用来做公益事业了。

但是在无形中，我们把吃苦和过度付出等同于心理咨询发展过程中必然的牺牲、有责任感、道德高尚了，我们甚至会鄙视心理行业的商业化现象，我们在无意识中和商业对立了起来。

这恰恰是很多心理咨询师职业生涯无法维系下去的原因：他们有好的初心，却在潜意识里拒绝商业化，不把获利放在第一位。如果这个行业里的公司连正常运转都难以维持，最终也就没有人会为需要心理援助的人提供服务了。

我们抵触钱，不努力向它靠拢，自然我们就不会变得有钱。一直没有钱，慢慢我们就可能丧失非常重要的、维持我们滋养他人的能量。

如果你非常想把学到的知识或者技能变现，同时一直没有把赚钱这件事放在第一位，不妨开始做一下这样的尝试。

**方法一** 想赚钱就要重视钱，把金钱放在第一位

其实我们可以把金钱想象成一个人，你对他是什么态度，把和他的关系放在什么位置，他是一清二楚的。你找了很多借口，就是不对他好，那他肯定不愿意奔向你。对金钱来说，别说你没把它放在第一位，但凡你内心对它的期待不那么强烈，你都很难吸引它。而且不能是口头上的第一位，每天就要积极主动寻找知识或技能变现的机会。比如写作、备课，打造个人 IP。

我们拿情感关系来做个类比。我以前在做婚姻情感咨询时，经常遇到一些 20 多岁的年轻女孩，她们虽然嘴上说想找个男朋友，但是内心并不急切。她们的真实想法是，我现在一个人也活得挺好的，至于男朋友，就随缘吧，可遇而不可求。

抱着这样的态度，她们往往被动地等待，这当然无法使她们遇到

那个可遇而不可求的人。所以，无论是对情感关系还是金钱，你积极主动争取来的资源，肯定比你一直被动等待来的资源更多、更好。

我经常对财富训练营的学员说，至少在课程进行中，你要把赚钱放在第一位，然后以这个为目标去学习，思考哪种方式适合自己赚钱。只有这样，你才有可能冲破固有的观念，调动你对财富的全部渴望，创造财富的能量才有可能被激发出来。

**方法二** 想赚钱就要马上付诸行动，直到达到目的

我做编辑的时候，会向很多作者约稿。几乎所有作者都很想赚稿费，但是，真正能动笔写的却不到一半，能写完且写得好的更是少之又少。多数人因为各种各样的原因耽误了写稿。

我做创业导师之后，有很多人找我咨询。他们有很多想法，一些想法还不错，但是在听了我的建议后，能马上付诸行动的则少之又少。

一旦你发现一个人开始用各种说辞去解释自己为什么没有行动，你就可以确认，他是不会赚到钱的。因为在他的生活中，有大量的事比赚钱更重要。

被誉为"欧洲巴菲特"的博多·舍费尔提出过一个"72 小时法则"，意思是当你决定要去做一件事时，你必须在 72 小时之内动手，否则你很可能永远都不会再做了。及时付诸行动，你才能有成功的机会。

所以，大多数人缺少的并不是赚钱的目标，而是让赚钱足够优先，并持续聚焦于此，马上行动，为此调配所有资源，持之以恒地做出努力的决心。

在我的财富训练营里，那些把学到的知识或者技能变现了的学员，他们是怎么做到的呢？

我的一位学员是衣橱整理师，这是一个新兴的行业，近两年才逐渐被大家了解。在学了衣橱收纳整理类的课程，掌握了专业技能之后，她想再学习一些商业思维、商业运营类的课程。于是，她加入了我们的训练营。

几节课下来，她迅速做到了学以致用，调整了思维模式。

她分析了衣橱整理师的赚钱方式：一种就是常规方式，靠学到的技能去做服务，仍然是靠时间来赚钱；另一种是开公司，培训其他人，让别人帮自己赚钱。

但当时她的经济条件不够开一家公司。因此，她想到了拓展加盟这个办法，把和她一样对此感兴趣的人集合在一起，为此她还设计了合作规则。

在有了这个想法之后，她先后报了"幸知在线"的几个财富训练营的课程。因为她的目的发生了变化——她不仅是来学习的，还是来找客户的。

对她来说，这是一个连接资源、发现客户的社交场所。财富训练营里的学员肯定对赚钱都是感兴趣的，而且"幸知在线"的用户来自全国各地，女性居多，这简直为她筛选好了目标用户群。

在训练营中，她抓住机会发言，介绍了自己的项目，明确了自己能够提供的资源，说明了加盟的条件，还在学员群里发了相关资料。

我们的课程中有组队完成任务的环节，她通过竞选当上了组长。在这个过程中，她思路清晰，善于沟通，乐于合作，勇于担当，带领团队出色地完成了任务，向大家证明了她的领导能力。

通过自己的个人魅力，她结识了社群里的很多学员，也积极组织了线下聚会。在那一期的财富训练营结束后不久，我听其他学员提到，她已经发展了 5 位合伙人。

为了达到赚钱的目的，这位学员做对了哪些事情？

对专业技能进行学习只是创造财富的环节之一，这位学员还做到了做每一步计划时都考虑如何变现，明确自己的用户是谁，带着商业思维去连接资源，展示自己的能力，得到合作者的信任……财富训练营对她来说，不只是一个学习的地方，更是一个可以挖掘财富资源的能量场。

你能赚到多少钱，取决于你愿意为此做到什么程度、你的思维升级到了什么程度、你付出的努力到了什么程度，这些都将成为赚钱的门槛。而做到什么程度的前提是，你愿意把赚钱看得多重要，放在什么样的优先级。

## 1.3

# 金钱思维决定了你是否能赚到钱

固化的财富观念，往往是限制我们创造财富的头号敌人。

在财富训练营中，曾有这样一位学员：她勤奋工作，但工资上涨得缓慢，她对日常生活支出都要精打细算。

"哪有钱去做什么投资，哪有时间去学什么技能呢？"她问我，像她这样既没钱也没资源的人，怎么才能赚到更多的钱？

我相信，这不是她一个人的困扰。我们可以从赚钱、花钱的角度来分析她的情况。

从赚钱的角度来看，她的收入来源比较单一，基本上靠工资收入。

这决定了她要花大量的时间和精力获取工资，一旦没有了工作，她就会失去收入来源。

《富父亲，穷父亲》的作者罗伯特·清崎从收入来源的角度，把人分为四类。在这个分类中，雇员是占比最多的群体，他们为别人工作，为了获取工资收入而工作，常常感到收入和付出不成正比，而且很难获得财富自由。

企业家为自己工作，同时也让别人为自己工作。他们创办公司，其实是构建了一个系统，让很多雇员在这个系统中帮他们赚钱。依靠这个系统，企业家能够获得时间自由和财富自由。他们赚钱并不是依靠付出时间和劳力，而是通过连接一切资源，设计和打磨出为自己赚钱的工具。借助这些工具，让别人为自己赚钱，也让钱为自己赚钱。

雇员是被动服务的一方，一旦有一天企业家构建的系统不再需要雇员了，他就失去了收入来源。也就是说，企业家在某种程度上掌控着雇员的命运。

再从花钱的角度来看，根据这位学员的描述，她的大部分收入都用来应付各种日常支出了，她没有剩余的钱来投资自己，这决定了她现有生活是难以改变的。在花钱的时候，她并不注意这笔支出带来的是资产还是负债，如果是资产，就能为她赚来收益，也就是把钱放进她自己的口袋里；如果是负债，那它就要不断从她的口袋里把钱拿走。比如，贷款买车之后，每月需要还的车贷就属于负债。

很多人都像这位学员一样，他们并没有意识到，让自己陷入困境的恰恰是这种思维。有人花时间赚取工资，有人花时间打磨赚钱的工具。有人消费时关注的是价格，有人关注的则是支出带来的是资产还是负债。

但对这个新的经济时代而言，打磨赚钱工具已经不再只是聚焦于打造大的平台了，现在是重视个人 IP 影响力的合作时代。

"幸知在线"心理成长平台有一位心理咨询师，在经历多年专业化和市场化的训练后，她从一个心理学爱好者成长为炙手可热的心理咨询师。她深深知道，如果只局限于心理咨询，那么服务的人群便是有限的。于是，她选择与某教育运营公司合作，通过前端直播，团队抖音投流，再进入销售转化。巅峰时期，她的课程创收了 3 亿元。接着，她又通过把优秀学员变成课程推广人，将精心打磨的直播台本赋能给旗下学员，无限放大了直播势能。

对于这个时代想要创造财富的人来讲，你的个人 IP 可能是最赚钱的工具之一。

企业家方面的例子，有如 360 的创始人周鸿祎等，他们深知，拓展企业家自身的 IP，是公司营销成本最低的方式。

水能载舟，亦能覆舟。IP 出身的俞敏洪，也同样敬畏公司 IP 的力量。这又是另一个话题了。

如何把命运掌握在自己手里？我们首先要更新赚钱的观念。如果不打破固化思维，那么将无法真正走上财富自由之路。

**财富卡点 3 每天勤奋工作，还是赚不到钱。**

事实往往是，那些整天忙于日常工作的人，没有时间思考如何赚取更大收益，他们只是在同一种模式中不断重复劳作。

印度蔗糖农民的六成收入都是在收割季一次性获得的，这就导致在一年中，他们只有半年时间是富裕的，另外半年则是贫穷的。

研究人员以这些农民为研究对象，分别在收割季前后对他们进行了两次智力测验。结果发现，两次测验分数相差 14 分，处于贫穷时期的蔗糖农民的智商明显变低了。

研究人员认为，这是稀缺心态导致的。当一个人认为某样东西稀缺时，他的行为方式就会发生改变。贫穷的生活决定了他只能先应付人的基本需求，为吃饱穿暖而奔波忙碌，他大量的精力都用来解决眼下的困难了，因此无法做出更长远的计划[①]。

---

① 源自普林斯顿大学艾尔达·夏菲尔和其他美国心理学家的实验。——编者注

陷入稀缺心态的人，即便变得富裕了，也会不断地去补偿过去内心的缺失。

## 财富卡点 4 总是被动地等待机会。

一位财富训练营的学员曾对我说，她学了很多心理咨询技术，也积累了不少实战经验，但是她觉得自己没有赚到钱。她还感叹，身边大部分心理咨询师都赚不到钱，这个行业就是这样的。

我问她，你是如何营销和推广自己的？她说，等着来访者来找我们就行了，为什么还要营销自己？

有人总是被动地等待机会，有人总是主动连接资源，主动做出改变。很多心理咨询师在"幸知在线"上能够赚到钱，是因为他们首先连接到了我们平台，主动展示了自己，吸引到潜在用户，就有了在平台上发挥更大能力的机会。

**财富卡点 5 把时间和精力都用在了省钱上。**

有人认为，只要能赚钱或者攒钱，一件事就值得花时间去做。所以，我们会看到不少人一大早就去超市抢购便宜了几毛钱的特价商品，或者为了一个几块钱的红包，花一小时的时间研究各种软件。

而有人会把赚钱的劳动和不赚钱的劳动区分得特别细，对投入产出比精打细算。他们把自己的时间和精力花在对挣钱工具的打磨上，挣钱工具越高效，他们就越能用更少的投入去赚更多的钱，再花钱购买劳动力，为自己承担一些工作，从而留出大部分的时间和精力去做更赚钱的事情。

有人认为"越省钱越有钱"，在做决策时难以割舍和决断；有人则认为"越花钱越有钱"，总是考虑自己的时间利用是否高效。

**财富卡点 6 "都是外部因素阻碍我赚钱。"**

在财富训练营里，我发现很多女性在介绍自己的财富故事时，会用到这样的句式："我很想赚钱，但是……"

这样的人往往难以摆脱财富困境，因为无论"但是"后面提到的理由有多充分，这句话归根结底想要表达的意思只有一个：我是很想赚钱的，但别人是我赚钱道路上最大的障碍。

被既定思维限制的人往往喜欢为自己找借口，他们并不想对自己不满意的现状做出改变。找借口很容易成为一种思维定式，使一个人把自己当成一个受害者，以此来掩饰自己的无所作为。

## 财富卡点 **7** 想法很多，却从不行动。

很多人都有这样的体验：觉得自己需要塑形了，于是办了一张健身卡，半年过去了，才发现自己一次也没有去健身；觉得需要提升工作技能了，于是买了一堂在线课程，但课程都快过有效期了，自己连课程的一半都没听完。

如果从投资与消费的角度去解读，购买这些服务的行为是消费，一个人只有真实地践行了健身和学习课程，才是对自己进行了投资。

对于很多人来说，从付费的那一刻起，这次交易的目的就已经完成。他们只是为了缓解当下的焦虑，并不会再深层次地改变自己的行为。

如果延续了这样的思维模式，并觉得这才是真正适合自己的方式，那么我们就无法变得富足了。

如果你现在已经被这样的思维限制住了，那么应该如何迈出连接财富的第一步呢？

**方法一　了解时间都去哪儿了**

我们需要了解自己的时间和精力是如何分配的。我建议你以一周作为期限，记录下自己的时间分配情况，除去吃饭、睡觉、洗漱这样的必然消耗时间，统计一下自己此外的大部分时间都花在了哪里。

然后，你需要思考这样几个问题。这些被消耗的时间中，有多少能够在未来使你赚到钱？如果可以赚到钱，具体是怎么赚的？

如果现在不能，而你又希望未来可以赚到钱，能否把这部分时间缩减一下或者把一部分任务外包出去？

如果其中有投资自己的时间，比如学习课程，那么你学习的目的是解决什么问题，如何将其应用在实践中？

我们的目的是用更少的投入去赚更多的钱。在时间和精力有限的情况下，我们要保证在有限的时间里更高效地工作，可以让别人为自己承担一部分工作，然后留出大部分的精力去做更赚钱的事情。

**方法二　改变行为，养成富有的习惯**

美国注册公共会计师托马斯·科里花了 5 年时间跟踪研究了 177 位千万富翁和 128 位普通人的日常生活习惯，得出的结论是：一个人的日常习惯会透露出他是否能获得成功。

千万富翁普遍具备的行为习惯包括坚持运动、重视健康、管理时间、进行阅读和自我提升、培养与人沟通的能力、设定和追求目标、对阻碍自己的人和事说不、培养决策力等。

为了赚钱，我们需要在行为上做出改变。此时，一定会有人说："我做不到，我没有时间，我没钱去健身……"这是一种逃避心理，说"承担不起"很容易，而真正做出改变则很难。

同样要做出改变，我们应该有的思维方式是聚焦结果：我要怎样才能承担得起？我怎样才能做得到？我需要付出什么？

## 方法三　为自己连接新资源

要想脱离原来的固化思维模式，你就要突破现有的圈子，积极去连接新资源。所谓新资源，是指那些能帮助你启发思维、开阔眼界、提升格局的人或事。

多和成功的人接触，多与身边财富能力更强的人交流，了解他们的财富观念，了解他们是如何获取财富的，思考自己能从他们身上学到什么……在这个过程中，你可以为自己找到快速指导行动的模板或者标杆。

调整思维模式，进入一个新的平台，这是你获得新的人际收益和金钱收益的开始。

# 1.4

# 正确看待自我价值

很多人大部分时间都在埋头赚钱，但当他们真正静下心来思考并梳理自己与财富的关系时，往往会有一些惊人的发现。我的学员娟娟就在这个过程中发现，她对别人都很慷慨，但唯独舍不得给自己花钱。

娟娟出门逛街，只要看到老公和孩子需要的东西，她就会毫不犹豫地买下。但如果是给自己买，她就舍不得了，她的衣橱里大部分都是低价淘来的衣服。

在娟娟的家庭分工中，她承担了支持者角色，她的大部分精力都用在照顾家庭上。为此，她的工作比较稳定但薪水偏低，和做生意的老公相比，收入差距很大。用她的话来说："老公是中产，我是工薪。"

在一个家庭里，一个人赚钱的能力往往决定了花钱的底气。娟娟总是无意识地把自己的消费水平限制在工薪阶层，她在心里把她和老公两个人的收入分开了，花自己赚的钱时，可以毫无负担，心安理得，但花老公赚的钱时，她就会思前想后，缩手缩脚。

她曾收到过一笔老公转来的投资收入，一共几十万元。但是她一分钱都不敢动，觉得自己没有使用权。

我和娟娟一起探索了她的财富观念，回看了她与金钱之间的关系，发现她背负着一种不配得感。这种不配得感正是她的财富卡点。

## 财富卡点 8 不配得感。

每当有好事来临时，娟娟内心真实的声音是："凭什么是我？""我不配拥有。""我不值得。"这种想法导致她不敢去接受美好的生活，即便真正拥有时，她也会被焦虑和负担感所淹没。

关于财富，有个残酷的真相是，如果你的内心深处认为自己不值得，不配拥有，那你就不可能真的拥有。即便得到了，你内心的焦虑和负担感也会让你再次失去它。

在梳理和金钱的关系时，娟娟曾说过，她年轻时看到商场橱窗里心仪的首饰都会低头走过，因为她知道"看中了自己也承受不起"。

在她看来，为了配得起这款首饰，她应该有一套衣服、鞋子，甚至换一份体面的工作……好像这样才能支撑起这件昂贵的首饰。

看一个人是如何花钱的，往往能感受到他是如何看待自己的。为什么娟娟在买一件东西时，会觉得要先改变自己，才能配得上那件东西？

在追溯了娟娟的成长环境之后，我发现她对财富的信念和对自我价值的看法被原生家庭深刻地影响着。

娟娟来自一个重男轻女的家庭。她小时候家境一般，而且弟弟独享了这个家的优待，几个姐妹都要把最好的东西让给弟弟。娟娟从小就被区别对待，已经习惯了随时将好东西让给别人。她被灌输的思想是"女性是没有什么价值的，女性不应该享受，也不配享受"。

结合娟娟当下的情况，我给她提了两条建议。

第一，给自己照顾家庭的这份付出定个价，并获取一份酬劳，而且这笔钱必须真的被打到她的工资卡上。她要先从形式上把自己理应得到的酬劳划分出来，明确这是她应得的一部分。第二，为解决家庭收入差距给娟娟带来的压力，我建议她发展一项副业，增加自己的收入来源。

尝试了一段时间后，娟娟告诉我，把钱打到自己的卡上，好像只是从左手换到了右手，没带来什么改变。因为她并没真把这些钱用来为自己消费，也就没有享受到金钱带给自己的快乐。因此，我建议她在可承受的范围内，每个月必须花钱给自己买一些礼物。我希望这些礼物能够让她一点点地提升自己的配得感。

至于副业，作为宝妈的娟娟，顺理成章地成为某个产品的销售代理，但副业进行得不太顺利。因为在销售产品时，她根本不好意思在朋友圈里做推广，也不敢主动向朋友推荐产品，甚至经常主动降价促销。

我给娟娟做了分析，她无法通过销售产品来赚钱，根本原因是还没能突破心理的卡点。有强烈的不配得感的人，很难看到自己的优点，他们非常容易否定自己，甚至贬低自我，同时又过分在意别人的反应和感受，在与人建立关系时往往会出现困难。

推销产品首先需要向别人推销自己，如果一个人的内心并不真的认为自己是有价值的，那么他也很难让别人相信自己销售的产品是值得购买的。

娟娟需要从心理层面来突破自我，要对自己建立更多的正面认知，提升自我价值感。

首先，她自己要做出改变，我建议她坚持写"自信日记"，每天为自己积累正向能量：记录今天发现了自己的哪些优势，取得了哪些让自己满意的成就，有哪些进步，等等。目的是告别自我苛责的习惯，开始积极正向地看待自己。除此之外，我帮娟娟设立了克服不配得感的小目标：每天在朋友圈中找一位潜在客户推销产品，如果她取得进展，完成了目标，那么就要及时奖励自己。

我还建议她把身边的资源利用好，记录每天和客户的沟通情况，然后和她老公讨论一下。

后来，我经常在朋友圈里看到娟娟推荐产品的图文内容。她告诉我，她已经不是一个人在"战斗"了，做生意的老公给了她不少销售建议。

我曾跟娟娟分享过一个"歪嘴苹果"的故事，在此也分享给那些被不配得感困扰的人。

想象一下，你是一个歪嘴的苹果，你在一大堆红苹果里会有深深的自卑感，因为大家都又红又漂亮，就你自己是个歪嘴苹果。

但是有一天，你不小心跳到了一堆梨子里，所有的梨子看到你时都眼前一亮，因为它们发现你竟然是红色的！在它们这里，你是独一无二的，此时此刻你感受到了在苹果堆里从未有过的存在感，你看到了经常被自己忽略的价值。

美国投资家查理·芒格说，我非常幸运，在很小的时候就明白了这样一个道理：要得到你想要的某样东西，最可靠的办法是让你自己配得起它。

其实，你从来不缺少价值，也永远配得上更好的生活。如果需要，你可以换一个角度，或者跳出过去的圈子，发挥自己新的能量。

# 1.5

# 厘清与金钱的关系

据说，每个女人都向往开一间属于自己的小店，而且大概率是想开一家花店或者咖啡店。

我的一位学员就开了一家花店，她为这个店倾注了全部心血，这家店也寄托了她对美好生活的向往。但成本账单总是将她从对未来的憧憬中拉回到沉重的现实中，她不得不苦恼于花店要如何经营，才能支撑下去。

在与她的沟通中，我发现她的根本问题并不在于经营模式，而是在于她的内心时常有另外一种声音流露出来："我是在做一件美好的事情，我不只是为了赚钱。"她的这句话体现了在创业过程中不能"变得有钱"这件事，正是她潜意识所焦虑的。

大部分女性第一阶段的创富计划，一般会是开家花店、咖啡馆，或者开一家书吧、客栈，我们把这些称为"疗愈型商业"。

为什么女性倾向于选择这种疗愈型商业？她们的出发点除了赚钱，还常常伴随着其他目的，比如能腾出一些时间兼顾家庭，为了寻找自身价值，为了获得一个自己可以掌控的空间等。如此一来，赚钱就显得"犹抱琵琶半遮面"了。如果深入分析一下，这些其他目的是用来劝说她们自己的——一是一些女性羞于直白地谈利益，觉得那样会让自己显得过于"俗气""不够有情怀"；二是如果真的没有赚到钱，她们也给自己留了余地。

但是，如果一直没有从疗愈型商业的生态向前发展，那么这就是投资人所说的"不成气候"。投资人关注的是利益最大化，那些羞于赚钱、避不谈钱的创业者，根本不是他们的目标合作对象。如果一个人不能及时迈向赚钱式商业，那么她是没有办法在商业关系当中获得成长的。

为什么很多女性创业者会羞于谈钱，甚至回避谈钱呢？

## 财富卡点 9 没有正视与金钱的关系。

我们有三种需要终生建立和经营的关系：亲情关系、爱情关系和金钱关系。

亲情关系和爱情关系大家一般都很重视，唯独金钱关系，是很多人从未想过去"建立"和"经营"的。我们一直把金钱当作可以使用的工具，想通过理财投资，使钱生钱，但很少有人从关系的角度，像经营亲情和爱情一样去经营金钱关系。

每个想走上创富之路的女性，都需要探寻一下自己和金钱的关系。

如何发现你和金钱的真实关系呢？关注一下你的生活，比如你是如何赚钱的？如何管钱的？如何消费的？你的父母对待金钱的态度是怎样的？你是购物狂吗？你是如何处理家里的闲置物品的……

以我为例，我在购置和处理物品的过程中，发现自己与金钱的关系经历了两个阶段。

第一个阶段是我创业后，有了属于自己的居住空间，这给我提供了极大的安全感。于是，我开始填充童年时没有被满足的部分。我买了很多漂亮衣服、各种毛绒娃娃，我感到自己被温暖包围，这种感觉让我非常兴奋，我以收纳东西为乐，而且收纳的快感持续了好几年。后来，我收纳的东西就越堆越多，但我舍不得扔掉那些我积攒多年的东西，哪怕它们沾满了灰尘堆在屋角。

它们在与我常年相处的过程中，似乎变成了有生命的个体，见证了我的成长。扔掉它们，就好像是和承载我的记忆发生了断裂。但是，家里已经逐渐容不下过度冗余的物品，或者说我正迫切寻求开展一些记忆的"断舍离"，开启真正的成年生活了。

当有能力赚钱并独立支配金钱后，我开始填充和囤积，其实我是在弥补匮乏的童年。

第二个阶段发生在最近的 7 年，我开始需要清理和重建。我有太多不穿的衣服、闲置的物品，它们占据了很大的空间，每次处理起来都需要耗费我大量的时间。

在我从小受到的教育里，是没有"扔东西"这一内容的。小时候我的家里有个创意百宝箱，收纳着各种闲置物品，那些看似已经无用的东西经过父母的巧手，还会变成新东西再次被利用，比如旧衣服能被拼成漂亮的靠垫。

但我即便有这个时间，也没有这样的巧手。随着事业的发展，在最近独立于原生家庭的 7 年中，我的工作非常繁忙，已经需要把家里的工作最大化地外包出去了。所以创意百宝箱这种处理方式，对我和丈夫这样夫妻都是创业者的家庭来说，并不适用。

但我还是无法做到"断舍离"，因为每次打算要处理旧物时，我似乎都能听到母亲的叮嘱："不要随便扔东西。"

其实，我的青春期很叛逆，自从工作之后，我所有事情都是自己做主，但是，在对待物品和金钱的关系这件事情上，我根本下不了任何"背叛"的决心，因为这意味着和父母的割裂，也等于和过去的自己告别。父母依然过着清苦的生活，而我却过着他们不曾经历过的"挥霍"人生，我感到很愧疚。

跟我处在同样困境中的人其实并不少。有一位女老板就跟我探讨过，她每次请父母吃饭都要连哄带骗，不能让他们看到菜单上的价格。但每一次"挥霍"之后，尤其是在跟父母相处之后，她的那种背叛感、愧疚感就会格外强烈。

在潜意识中，为了避免愧疚感，我们会希望转变父母的金钱观。所以我们会不断地与原生家庭连接和断裂，对我们来说，想要的其实是父母能接纳和肯定我们建立的新的金钱关系。

有一次，我下决心要完成这个告别。我打电话告诉母亲，我要处理掉一些闲置的东西，然后把打包好的东西拍照给她看，是告知而不是要得到她的肯定。然后，我把这些东西送到了旧物回收处。那一刻我感到轻松很多，处理了囤积的无用之物，仿佛我也在跟旧的生活模式一点点地告别了。

这就像是一场仪式，解开了和父母之间的金钱死结，我们才能真正迎来属于自己的世界。

最近几年，我会带母亲去世界各地旅行，让她看看更广阔的世界，感受更多样的消费观。虽然这很难改变她的价值观，但她逐渐开始接受和理解我的消费观了。

无论是金钱观还是价值观，我们都无法让父母跟我们完全一致，也无法强加给他们，但是我们可以用自己形成的新观念去反哺他们、帮助他们，而不是通过强加给他们来让自己感到心安。

从饥荒时代走过来的父母，囤积一部分物品，留住一两件压箱底的衣服，就是他们爱自己的方式，他们觉得这样才有安全感。如果非要向父母炫耀我们比他们强、比他们行、比他们成功，我们就是在夺走他们选择自己生活方式的尊严。

所以，和原生家庭和解，其实是在帮父母去活好今后，我们必须全面接纳父母，因为那就是一半的我们。对他们的愤怒或者无奈，都是我们对归属感的一种寻求。

我们善待父母的方式，一定不是我们以为的好方式，而是他们能够接受的方式。我们对待金钱的方式，其实也一样。

心灵导师奥南朵曾说："如果父母婚姻不幸福，我们就不允许自己比父母有更好的婚姻关系；如果父母没有享受过金钱，我们也不会让自己好好地享受金钱；如果父母不成功，我们也不会允许自己成功。因为我们不敢去破坏自己的愧疚感。"

那是一种来自亲情的道德束缚。如果我们不去发现自己的无意识部分，并试图去打破它，就无法打开人生格局，也无法和金钱建立一种与父母完全不同的亲密关系。当我们意识到自己羞于谈钱，是受制于传统价值观的影响，受制于原生家庭固有观念的束缚时，我们才有机会和过去做一次告别和分离，重新建立起自己和金钱的亲密关系。

## 方法一　成为金钱的朋友

借用奥南朵在《对财富说是》的一段话："钱是一种能量，是一种流动的能量。就像水，水是需要流动的，水不流动就是死水；就像身体里的血液，如果没有流动，就变成血栓。如果我们试着要掌控钱，我们的世界就会变得很小。钱是流动的能量，它会来，也会走。如果你太想控制钱了，你对钱就会产生一种无意识的焦虑和恐惧。这也是限制。"

所以，我们与金钱之间最好的相处模式就是做朋友，我们去经营和金钱之间的关系，让金钱成为一种流动的、不断帮助我们晋升的能量，这样金钱就会成为我们的朋友。

## 方法二　敞开自己，迎接变化

最近 7 年，我才处理好自己的金钱观与安全感之间的关系，我不是像父母一样能靠技能活着，而是靠管理和创意思维安身立命的。这是我选择的生活方式。

所以，人的金钱观不是一成不变的，会因为时代的发展、个人能力的拓展、接触的人际圈层的不同而不断被改变。

成功者的思维模式是和好奇与不安共存，并享受其中的欢愉体验。没有哪一种观念是绝对好或不好的，用求变之心去迎接万变，敞开自己，迎接变化，是我们接纳财富力量的开始。

# 第二章　责任

# 2.1

## 激活被原生责任限制的财富能量

绝大多数人都出生于普通家庭，和父母相比，想让我们的财富实现阶层跨越，并不是一件容易的事。

我有一个男学员，今年 33 岁，是从山村里走出来的潜力股。他现在定居北京，年薪 30 万元。他和女朋友一起打拼，实现了第一重财富阶层跨越。但是近两年，他发现自己似乎无法打破年薪 30 万元的魔咒。

除了财富停止增长，他的幸福感也在下降。我在与他深入交流之后发现，他之所以在挣钱的路上很难再继续前进，是因为他深陷原生责任而无法自拔，他一直背负着父母的期望、家庭的债务，还有父母带给他的财富观念。

## 财富卡点 ⑩ 深受原生家庭财富观念的制约。

父母朴素的金钱观，潜移默化地灌输给他的是不可以浪费的价值观，如果钱花多了一点，他就会有一种挥之不去的负罪感。

成年之后的他，在北京买下了 50 平方米的一居室。家里的阳台上堆满了矿泉水瓶和硬纸盒，他会花大量时间来整理家里各种各样的物件。即使他知道，这些废品最多也只能卖十几元，还不够一顿饭钱，他应该把时间花在如何更加有效地挣钱上，而不是耗费大量的时间和精力去考虑如何省钱。

在听了他的故事之后，我表扬了他，因为他愿意为财富课程买单，这是他父母一辈子都没有想过的事。当一个人产生了新的认知后，改变就悄悄地发生了。

我从心理学的角度帮他分析，他没有足够的幸福感，不仅仅是因为他自己是个"房奴"，还因为在这 50 平方米的居室里，"丢弃还是不丢弃"的问题让他很难受。

他的内心在打架，"要不要丢弃"的不只是废品和旧物，还有从老一辈那里承接来的旧的财富观念。"不扔东西"并不是这个东西真的有用，而是他要通过"不扔东西"这个行为，跟原生家庭产生一些情感连接。如果他扔掉废弃的物品，就是在背叛父母的价值观，就会产生大手大脚花钱的负罪感。

我为他的时间算了一笔账。脱离原生家庭的消费观，是让他有机会赚到更多钱的第一步。我让他试着在这一个月里，每天从家里扔出去一些东西，并且给这些扔出去的东西标一个价码，拍成照片存到电脑的文件夹里。

两个月之后，他告诉我，有一些东西他扔了后又捡了回来。但是一旦花费很多时间去找一个重要却不知道放在哪里的东西时，他的心里就会生出很多对那些东西的厌烦感。可见，克服自己的旧习惯是一件多么困难的事情。

为了省钱，他没有对二手房进行重新装修，房子里线路老化的问题非常严重。我建议他花时间在小区里租个短期的房子，把家里重新装修一下，让装修房子成为他与原生习惯分开的新机会。

我们对家的感受，对家里物品的摆设，全部都是我们与过去原生家庭间的纽带。只有当我们主动去寻求对一个新家庭的改变的时候，才会建立属于自己的新观念。

我告诉他，如果觉得扔掉东西对不起父母的话，那就把"找东西""整理东西"节省下来的时间用来挣钱，把额外挣到的钱的一半打给父母，经常回去看望父母，与他们建立新的情感连接纽带，这样自己就不会觉得愧疚了。

在我们谈完话的三个月之后，他很高兴地告诉我，他在周末新接的兼职项目中拿到了 15 000 元的报酬。房子也已经在装修的进程中了，等房子装修好，他一定会把东西分门别类地收纳好，因为这才是实现新的财富增长的第一步：换一个环境，换一种生活方式，换一个财富增长的思维模式。

在我的高情商沟通课程里，我也曾遇到一个女学员，彼时她正被婚姻信任危机困扰。

她跟老公结婚十多年了，一直以来关系都很和睦，但当老公想要出去创业的时候，她就变得非常焦虑。他们经常发生争吵，即便老公讲了很多创业的好处和详细的方案，她也无法静下心来认真听他讲完。老公觉得自己不被信任，他们的婚姻进入了超级低压期……

后来，通过课程的深入，我逐渐发现她焦虑的从来不是担心老公没能力和没毅力导致创业失败，也不是害怕彼时的创业风险过高容易造成负债，而是在焦虑万一老公创业成功了，有钱有地位的他，会像她父亲那样对不起她的母亲，导致婚姻分崩瓦解。

原生家庭的潜在影响就像海洋里的冰川，你以为它只有从岸边看上去的那一小角，但实际隐藏在水面之下的，是一个难以想象的、庞大的存在。

她很小的时候生活在农村，日子过得非常拮据，父母都靠在村里矿山上打工为生。父母除了要养活一双子女，还要照料年迈体弱的老人。用她的话来说："那时候虽然穷，虽然辛苦，但很开心。父亲母亲总能相互扶持，因为身边有彼此，未来是有期待的，那些日子像金子般珍贵。"

她上小学后，父亲开始自主创业。仅仅用了三四年，他们家就还清了所有债务。等她小升初的时候，父亲更是在城里买了大房子，一家人都搬到了城里。

她以为以后的日子就都是快乐的了。但可惜，就像烂俗的电视剧一般，父亲开始终日忙于应酬、夜不归宿，还不接母女的电话，就算接了也是不耐烦的态度。后来，趁着母亲回娘家参加姥爷的葬礼，父亲甚至直接带别的女人回家。

至于后面的故事，相信大家也能猜到。她的父母开始了无休止的争吵，甚至动手打架。就这样，她夹在父母之间，内在的冲突、矛盾、憎恶、纠结填满了她的整个青春期。

她曾哭着说："如果父亲没有出去创业，没有创业成功，没有变得有钱，哪怕过的还是以前那样的穷日子，我也愿意……"

在一个家庭里，夫妻之间的感情可能出现危机，但孩子无法真的不爱自己的父亲母亲。她没有别的办法，所以她把这一切的罪魁祸首都归因到"创业""有钱"上了。

这对于一个孩子来说，是多么无力且无奈的经历啊。所以结婚之后，她无法接受老公去创业，无法接受老公变得有钱，因为这些事对她而言，就意味着出轨与伤害，意味着关系的破裂，意味着孩子将成为牺牲品。

然而，金钱不会真的从本质上去改变一个人，它只会放大一个人的欲望罢了。

我相信他们并不是个例。那么，我们应该如何摆脱原生家庭对财富能量的制约，建立属于自己的新模式呢？

**方法一　厘清原生责任与再生责任**

有的学员说，我这么穷，都是父母的旧有思维造成的。到现在，我的父母还要按他们的方式管我、要求我。的确，原生家庭塑造了我们的血肉身躯，但我们的思维观念是可以重新塑造的，这就是我们要承担的再生责任。

从事心理治疗工作 20 年的罗纳德·理查森博士认为，人生最困难的事情之一就是从心理和感情上摆脱早期原生家庭环境的影响，不再重复原生家庭中的一切，也不刻意去做与之截然相反的事情。承担起属于自己的再生责任，这是拥抱财富的第一步。

**方法二　学习与原生家庭的创伤和解**

原生家庭是我们无法选择的，但是我们可以选择如何与家庭成员相处，以及如何处理家庭关系。所以，去探讨原生家庭的创伤与问题，从来不是让大家"破罐子破摔"，而是帮助大家看清"来路"，更好地重新出发。

每个人都会被过去影响，但这并不意味着，对于现在和未来我们是无能为力的。无视和回避都不是办法，想要突破原生家庭创伤给我们带来的财富局限，我们就必须先学会与父母和解，与那些曾经难以释怀的创伤完成和解。

在这里，我教给大家 4 个和解的小妙招，希望能有所帮助。

## ① 看见

我们的父母，或者说我们的原生家庭，对我们的影响是深远的。现代社会总喜欢去放大那些创伤的部分，但我想要大家更多地回忆和关注那些美好的部分。你可以不认同父母的一些行为，但请不要否认你的父母，尤其不要否定母亲。我们的父母给予了我们生命，我们生命的一半来自父亲，一半来自母亲，彻底否认他们，就是在彻底否认我们自己。

## 2 › 接纳

试着去接纳吧，接纳世界上没有人是完美的这一事实，接纳他们也是第一次为人父母，承认父母小时候也未能被精心对待，接纳他们有他们的局限、优点和缺点，承认我们的生命就是他们原本的样子。这个世界上并不存在完美的父母，他们或许也有那个时代的思想和物质的局限，或许他们遭遇过比我们更加糟糕的创伤。

## 3 › 传递

我们是开始觉醒的一代，我们有了更多脱离束缚与掌控的能量，我们对自由的追求有了更多的胆量。那些来自父母的真诚、善良、忍耐，请试着打开心胸去接纳、归还给他们，形成正向循环；而那些来自自我觉醒后的主动、勇敢、淡定、明智、爱与宽容等能量，请试着用它们去传递、影响父母。在未来的几十年，他们还有再觉醒、蜕变的机会。

**④ › 祝福**

请试着祝福父母吧，多多与父母分享你成功的喜悦，大胆分享你的难过与失败，让他们帮你分担失败的痛苦，来自他们的爱与祝福，可以为你的事业带来动力与成功。

"纸上得来终觉浅，绝知此事要躬行"，与原生家庭创伤的和解，不是一朝一夕可以完全解决的。如果遇到困扰，想不通了，走到了"犄角旮旯"里，觉得很痛苦的时候，我诚恳地建议大家，一定要勇敢地寻求专业支持，向心理咨询师倾诉困扰。

**方法三** **设置一个新的赚钱思维导航仪** ❯❯❯

在寻求挣钱之路的时候，我们一定要整理清楚：自己想要什么？自己的价值观是什么？父母的价值观是什么？他们的价值观与自己的价值观是不是绝对一致的？有哪些地方不一致？在我们的生活中，有没有找到一些原生家庭与自己完全不同的朋友，自己身边有没有认可和欣赏的人？他们以及他们的父母对于财富的观念是怎样的……

经过思考，你会发现，原来你的财富观并非需要绝对遵循父母的财富观，你要设置一个新的赚钱思维导航仪，这样才能破除来自原生家庭的阻碍。

**方法四** **摆正心态，行动破局**

有三种心态影响着一个人是否能够获得财富和幸福。

第一种心态是自责心态。有这种心态的人会把"我真笨，我真傻"挂在嘴边，反复唠叨"自己做得不够好"。

一方面，他们希望博得他人的同情，希望别人不要再责怪自己。缓解自己的焦虑，也避免别人对自己的指责，所以抢先进行自我检讨和审判。但是周围与其共事的人，会越发不自在。另一方面，这类人易沉浸于自责的状态中，养成一种弱者心态，无法自拔，他们害怕失败，很难提升和改变。

第二种心态是指责心态。我们在工作和爱情中常常会遇到这样的人，他们的思维惯性是"这不是我的错，是别人造成的""我也是受害者"。

纠结于是自己的责任还是别人的责任，其实无助于解决问题。但这种情绪的表达，可以让人在焦虑时释放一些不适感，从而为自己减压。但是这会造成人们无法为自己的问题负责，也就无法面对真实的自己。

第三种心态是厘清责任心态。有这种心态的人可以沽在当下，不为过去悔恨，也不为将来担忧，切断过去和将来对当下的影响，只针对具体的情景谈具体问题的解决，不牵扯、不钻牛角尖、不赌气。

一个成熟的人应该明白，我的人生不是原生家庭造就的，我要为自己的人生负责。我要选择自己想要的生活，而不是被生活选择。

有着不同的责任心态会对我们的财富之路产生不同的影响，后文将继续探讨这一点。

# 2.2

# 债，就是没处理好的责任

在做财富训练营之前，我并没有意识到，有很多人因为投资或者创业失利而处于负债状态。后来我发现，同样是负债，有的人很快可以从头再来，东山再起，但有的人一蹶不振。其中的差别是怎样产生的呢？

我有一位学员，她不满自己的现状，想折腾出一番自己的事业，于是辞了职，跟合伙人一起创业。为此，她向亲戚朋友借了不少钱。没想到她的公司很快就因为行业不景气而连连亏损。

因为着急还钱，她跟认识的朋友投资金融项目。一开始还赚了一些钱，她看收益还可以，便又投入了不少钱。但是这次就没那么幸运了，没过多久她就负债几十万元。

负债之后，她非常自责，为了不让家人担心，她决定一个人承担。创业失败、投资失利、债务缠身，这些压力让她长时间陷入各种负面情绪，逃避、自责、愧疚……她陷入了一个万念俱灰的低迷期。

她想不通："为什么我很努力地付出，最后却收获不到财富？"

她是如何努力付出的呢？她告诉我，合伙做生意的时候，虽然持股并不如对方多，但是她付出的很多。最后分红时，她又不好意思跟对方要属于自己的那一份收益。别人来借钱时，她会义无反顾地借给他，不管自己有没有钱，她都会想方设法地借。最后，自己到了山穷水尽时，都不好意思去找人家要钱。

我问她："如果此刻有一个人跟你有类似的经历，而且亏了比你还多的钱，他向你借一万元，你借不借给他？"

她犹豫了一下，说："如果是身边亲近的人过得不如意，我还是会想尽办法去帮助。"

在听了她的负债故事后，我觉得我们可以从责任与负债的关系的角度去分析她的问题。

## 财富卡点 11 过度负责。

"债"这个字，是由"人"与"责"组成的。当我们没有处理好自己和责任的关系时，"债"就容易产生。

一个人没能负起自己的责任，是债；把别人的责任扛在自己肩上，是债；过度沉溺于自责之中，也是债。

不同的是，不能负起自己责任的人，总在指责别人，往往让他人为自己担"责"和负"债"。

而这位学员，则是把属于别人的"责"背负在自己身上，总是处于一种过度付出、过度担责的状态，仿佛只有这样，她才能找到自己的价值感。而且一旦遭受失败，她便会长时间沉浸于失败的情绪中，开始自我贬低、自我攻击，挣扎在过去这段负债的经历中，状态持续低迷。

## 财富卡点 12 过度自责。

这种状态如果不做调整，很难吸引新的财富能量。那么对于这位学员来说，她应该如何处理自己和责任的关系呢？

### 方法一 保护自己，避免自我消耗

日本作家太宰治在《人间失格》中说："我的不幸，恰恰在于我缺乏拒绝的能力，我害怕一旦拒绝别人，便会在彼此心里留下永远无法愈合的裂痕。"

在自己欠债的情况下，这位学员仍然无法拒绝别人，还要借钱，其实就是在承担本不属于自己的责任。要知道，来借钱的人即便负债再多，那也是他自己要承担的问题。

过度负责的人，在职场中或者与人合伙做生意时，往往不能很好地保护自己。别人想方设法推卸的责任，总是能抓住她当"替罪羊"。

我注意到，她提出的一个问题是："为什么我很努力地付出，最后却收获不到财富？"因为她的付出和收益是失衡的——她总是过度付出，掏空自己，去满足别人的需求，抢着为别人承担责任而消耗自己。而在自己的应得利益上，又不敢争取，所以她很难收获财富。

我们永远无法为别人的人生负责。承担好自己的责任，才是对自己和别人最好的负责。

那么我们如何避免过度担责对自己产生消耗？

首先，要分清责任的归属，明确哪些是自己的责任，哪些是别人的责任。

其次，在内心对自己强化以下几个观点。

- 我可以为我的错误承担责任，但不需要为别人的错误承担责任。
- 我不需要总是满足别人的需求，我自己的需求更重要。
- 别人无法完成自己的任务时，我没有义务为他解决问题。
- 当我拒绝别人时，我理解他的感受，但我不会因此改变决定，也不会为他的情绪负责。

**方法二** **用发展的视角看自己**

遭遇挫折时，为什么有的人能东山再起，有的人却一蹶不振？

那些陷入过度自责的人，很难走出失败阴影。因为他们把宝贵的时间和精力都浪费在悔恨、内疚、羞愧的负面情绪中，产生了逃避心理，不愿接受现实。他们会进行自我贬低和自我攻击，很多人因为一次失败就彻底否定了自己，开始自我设限，裹足不前。

事实上，放在人生的维度里，一次挫折只是微不足道的一个点而已。我们应该相信进步和成长了的自己，不再重复过去的问题。

一个人身处逆境时的态度，决定了他在人生谷底时是否依然能够重新站起来。

人和人之间思维模式的差异，决定了行为层面的差异，决定了一个人在挫折中是一蹶不振还是勇往直前，最终决定一个人能够站多高，走多远。

斯坦福大学卡罗尔·德韦克教授提出了"成长型思维"的概念，它是相对于固定型思维而言的。拥有成长型思维的人认为，一个人的智力、能力是可以通过自己后天的努力得到提升的，也就是"我命由我不由天"。

在遇到挑战时，固定型思维的人会逃避挑战，成长型思维的人则会积极迎接挑战。在遇到失败时，固定型思维的人会保护自我，故步自封，轻易放弃；成长型思维的人则会积极面对挫折，坚持不懈。面对别人的评价，固定型思维的人会忽视那些负面的反馈，成长型思维的人则会在批评中学习成长。

此外，成长型思维的人拥有更多内在动力和积极情绪，他们喜欢寻找机会、迎接挑战，不依赖外界的评价，认为一切皆有可能，喜欢探索新事物，能够从失败中吸取教训，面对困难更能坚持，认为学习是终身的事……

卡罗尔·德韦克教授曾对美国 13 所高中进行了一项聚焦差生的研究，结果表明，接受关于成长型思维课程的学生，无论是在学习成绩、学习态度，还是在今后的适应性上，都优于未接受相关教育的学生。

不同的思维模式决定了不同的人生格局。固定型思维的人很早就会停滞不前，无法取得自己本来有潜力取得的成功；成长型思维的人则可以取得很高的成就。

人活一世，心态很重要。处理好自己和责任的关系，也许你可以收获一个更自由、强大的自己。

# 2.3

## 为自己负责，拿回人生的掌控权

如果你的收入停滞不前，你认为是什么原因导致了这个问题呢？

在财富训练营里，有一位学员提到，她的月薪总是无法突破一万元，她认为这源于母亲为她植入的一个观念——她的母亲从小就对她说，我女儿以后一定能赚钱，一个月能赚一万元呢。所以长大后，她月收入的天花板就是一万元，只要到了这个数字，马上就"熄火"了。

这听上去有点不可思议，为什么她的母亲毫无根据的一句话，会限制她升职加薪？

带着这样的疑问，我了解了她的成长经历。她是一个乖孩子，努力考入父母认为的好学校，学的是父母帮她选择的专业，毕业后回到父母的身边工作。她一直在努力遵从父母的想法，满足他们的期待。包括赚钱这件事，她也是在帮母亲实现愿望，所以收入达到一万元的标准，她就"熄火"了，她觉得自己已经达到了要求，完成了母亲布置的任务，可以停止努力了。

我让她从现实的角度去分析收入无法持续增长的原因。她说，因为父母选的这个专业发展受限，因为所在城市的薪资水平较低，因为公司经营模式的问题，因为上司不够重视她……也就是说，她认为是这些外在原因导致她不得不面对现在的赚钱难题。

显然，她一直在拒绝从自身去寻找原因，拒绝为自己负责。

为自己找借口、抱怨别人是常见的逃避责任的行为。我常听到一些学员说："我没有钱，怎么理财？""我不仅要上班还要照顾家，没有时间学习。"

还有一些人强调自己没有那么强烈的赚钱意识："我赚那么多钱做

什么？""我并不想赚太多钱。"

我想，说这些话的人里没有几个人完全对钱不感兴趣，他们只是不敢感兴趣，因为感兴趣就不得不承担起一份"必须赚到钱"的责任。

## 财富卡点 13 逃避责任。

一个人能够拥有多少财富，取决于他能够承担起多大的责任。

拒绝为自己负责，在行为上的表现一般为逃避选择、推卸责任，以及指责别人。人为什么会逃避选择呢？因为做选择就意味着要承担后果，如果将选择权交出去，他们就可以避免做决定和承担后果。

承认"我赚不到钱，是因为我不够努力"很难，但抱怨"我赚不到钱，是因为父母一直在替我做选择""是因为上司不够重视我"则容易得多。

做一个受害者，比承认自己不足更容易被接受。将一切问题的原因归咎于他人，就可以避免面对失败时的自己。这其实是一种无意识的自我防御。

如果一个人已经习惯了让别人为自己负责的模式，那么放弃人生的控制权就会成为他的舒适区。即使在有能力为自己做选择并对自己负责时，他还是会习惯性地放弃掌控权，让别人来决定自己的生活，等出现问题时，再顺理成章地把责任推到别人的身上。

为自己负责，是一个人走向独立和成熟的必经之路。一个人避免接受失败的事实，也就避免了面对真实的自己，无法去过真实的人生。

当放弃为自己负责时，我们还有可能陷入一种受害者陷阱。美国心理学家卡普曼提出了"卡普曼三角形"。人际关系中就经常会出现这样一个三角形游戏，这三个角色分别是受害者、拯救者和迫害者。当你扮演了其中一个角色时，周围的人为了维持这个三角形的平衡，就会无意识地扮演其他的对应角色。

你走不出受害者的循环，因为这正是你的选择，你亲手将自己放在了受害者的角色上，越是持续努力地扮演，越会吸引更多人来为你扮演迫害者的角色。

那么，我们应该如何走出受害者的角色，承担起自己的责任呢？

**方法一　把主语换成"我"**

一个真正成熟的人，是不会把一切责任推卸给别人的，他相信自己可以为此负责。

美国心理专家尼娜·布朗认为，当一个人能够为自己负责时，就表示他已经接受了自己并不完美的现实，也不会再为了自己的缺点而责怪他人。

试着做这样的练习：在沟通中，多用"我"为开始进行表达。从自己出发，你才能更加关注自己的感受和经历，减少对别人的指责。

比如，当你想说"你这样说，我很生气"时，可以改为"我听到这些话，感觉很生气"。这个简单的转换，让你意识到你对自己的情绪是有主导权的，别人的行为不能决定你产生了什么反应，你可以为自己的情绪负责。

又比如，以前你会说"上司总是不重视我的工作,让我很难进步"。现在你要说"我的工作很难进步,我希望得到上司的重视"。通过这样的转换，向自己强调"没有人欠我什么"，我要为自己想得到的东西做出努力——是我自己想要得到上司的重视，所以我需要主动做出改变。

当一件事发生时，对结果起决定作用的，并不是发生了什么，而是我们自己如何去选择和应对。

## 方法二　掌握主动权，为自己工作

我经常被问到这样的问题：作为一个女性，我应该创业还是继续打工呢？

美国管理学大师彼得·德鲁克认为，未来在一个公司里，不隶属于组织的自由员工会越来越多。他认为，那些没有可能进入管理高层的人的工作，都应当被外包出去。

也就是说，如果你不想失业，要么想办法进入企业的决策层，要么就得学会为自己工作。所以即便你选择打工，也要以创业者的心态去经营自己。

从打工者的视角变成创业者的视角，意味着你要承担更多的责任，但你也会拥有更多的机会。从我的成长经验，以及一个公司负责人的视角来看，如果女性不想在 35 岁以后于职场不断面临被选择和被淘汰的命运，就需要尽快把主动权握在自己手里，要有为自己工作的心态。

## 方法三　停止抱怨，提升解决问题的能力

彼得·德鲁克认为，在一个公司里，如果你不能发现问题，或解决不了问题，那么你本人就是一个问题。

那些愿意为你付费的人，他们的思路是"不要先问我能给你什么，而要告诉我你能给我带来什么"。也就是说，他们需要的是你能解决什么问题，提供哪些差异化的价值。他们付钱并不是为了服务于你的需要，而是为了购买你的能力。

所以请停止抱怨，从习惯被告知"做什么"，改变为自己主动去思考"怎么做"。你能解决的问题越多，你就越有价值。

当一个人把选择权和责任都推给别人，甚至还因此而责备别人时，他才真的变成一个失败者。而当你开始为自己负责，你就将人生的掌控权握在了手里，将有勇气面对每一次失败，有力量改变处境、改变自己。

# 2.4

# 超越自身局限，做财富的领袖

你是什么时候感受到自己可以获得更多财富的呢？其实就是当你觉得艰难，要承担起更大的责任时。

一位学员和我说，她是一个室内设计师，专业能力很强，刚刚成立了自己的工作室。但问题也随之而来：作为设计师，她无法亲自完成工作室所有的项目，可她目前能请来的设计师又无法达到她的设计要求。为了工作室的快速发展，她需要处理更多与具体业务无关的事情，比如拉业务、谈合作等，这让她很焦虑。

她的困惑是，是回归到只靠专业能力吃饭的状态，还是尝试去挑战那些自己可能并不擅长的事情？

# 财富卡点 [14] 责任的转换。

作为一名设计师，她只需要用专业能力来应对设计问题，为自己和客户负责即可，带来的价值感也让她感到满足。但是一旦成立公司，她需要坐在领导者的位置上，去应对更大的挑战，承担更大的风险和责任。

但如果仍然停留在设计师的身份，她就永远在用劳力挣钱，即便从一小时赚 1000 元变成一小时赚 5000 元，也只是单价提高了而已，她并没有改变用劳力赚钱的模式。所以，怎么升级去构建一个系统为自己赚钱，打造赚钱工具去赚钱，才是她要完成的财富升级目标。

其实这个问题的本质是她发展到了一个身份转变的节点上，她从执行者转变为管理者，这个转变意味着她不能只关注驾轻就熟的设计专业领域，不能只发展专业能力，还要更多地承担作为一个领导者的责任。

作为一个领导者，首先就是要承担起指挥官的责任。美国通用电气公司前总裁杰克·韦尔奇说过，"成为领导之前，你的成功完全取决于你个人的成长与进步；而做了领导之后，你的成功就在于培养别人成长"。

所以一个优秀的领导者，他的角色定位一定是一个指导别人成长的导师，而不是一个单打独斗、冲锋陷阵的"武士"。

经营公司 10 年，我也经历过一段停滞期。当时我面临的问题是公司业绩卡在上升关口，无法突破，这甚至导致我对业绩突破产生了深深的执念。

为此，我在经营管理模式上做出了一些改变。参考阿米巴经营模式，我将公司整合成几个相对独立的公司，为每个公司的组织赋权，同时也让他们承担起自己的责任，目的是让每个组织更灵活，让每个员工更有积极性，共同完成突破营业额的目标。

可是，问题也随之而来。比如，在自媒体流量公司，为了吸引流量，会有一些吸引眼球的内容。而在咨询公司，别人就会指责我："怎么你的自媒体流量公司总是拿离婚来吸引眼球？社会风气都被你带坏了……"

各个相对独立的公司之间也互相争执，咨询公司认为流量公司带来的流量不行，流量公司认为咨询公司没有做好服务……

没有哪一种模式是绝对好的、正确的。就像我们做出的所有选择，没有最正确的选择，只有最合适当下的选择。

后来，在反思这个过程时，我发现，最大的问题就是我没有成为一个真正的领袖。比如，阿米巴经营模式是我要做的，那么互相指责对方的情况就是我要解决的问题。流量是我想获取的，那么如何给内容做平衡，这也是我的责任。所有的事都是我的事，我必须勇敢承担自己的责任，才能成为一个真正的领袖。

通往结果的路径有千万条，如果不是本着自我负责的信念，问题将永远停留在各种理由中。因为这一次认知上的成长，我们公司的业绩很快实现了突破。

在走向身份转变的过程中，责任也会随之发生改变，倒逼着人必须做出一些改变。

**改变一　升级思维，重新梳理责任归属**

大多数人在从执行者变成领导者时，非常容易亲力亲为，由于惯性，或者由于对舒适区的留恋，他们很容易陷入从前熟悉的业务中，为其付出太多精力，以至于根本没时间思考未来发展大面的问题，比如发展战略、公司管理等。如此一来，这些新晋领导者既剥夺了员工为自己负责的权利，手下的人成长不起来，同时也没有承担起领导该有的责任，无法做好领导工作。

管理大师彼得·德鲁克曾讲过一个故事。有三个石匠在干活，有人走过去，问他们在做什么。第一个石匠回答："我在养家糊口。"第二个石匠回答："我在做世界上最好的石匠活。"第三个石匠仰望天空，说道："我在建造一座大教堂。"

第一个石匠，相当于普通员工的常态，他们只需要把眼前负责的工作完成即可。第二个石匠，相当于一个成长型员工或者部门的管理人员，他们关注的是技能的精进。但公司的领导者必须像第三个石匠一样，承担起领袖角色，注重整体，关心未来，拥有智慧和远见。他要站在更高的格局进行选择和决策，"要让每个成员朝着共同的方向、共同的目标努力，将这些努力融为一体，产生一种整体业绩"。

当你把公司作为一个系统，再去看责任归属问题，就知道自己应该做什么事了。

领英管理层一直在使用这样一个模型，即把所有的工作内容进行分类，比如，把工作分为四类：与公司未来发展战略有关的工作；能影响公司整体发展的工作；不该做的工作；简单初级的工作。

想成为一个组织的领袖，你就要把不该做的、简单初级的工作都交给团队中的"第一个石匠"，把具有战略意义的工作分配给团队中表现最好的成员——"第二个石匠"，自己则要专注于影响公司整体发展的工作，做好"第三个石匠"。

## 改变二　下放权力，把他人的责任还给他人

惠普公司曾经阐述过一个观点：定位领导者有一个基本原则，那就是他们应该是教练而不是老板。教练水平的高低要看他带的团队水平如何，而不是看他个人能力多强、多么能干。这个原则很好地阐释了，真正的领导是管人、带人的，而不是做事的。

高级别的管理人员，通常在工作中做事的比例小，管人的比例大。

回到本章开头那位学员提到的实际问题。因为工作室处于初级阶段，她必须兼顾设计师的工作，而且其他设计师很难达到她的交付标准。

我建议她把提供的服务变成阶梯化、分级式的产品。比如，按照难度把公司接到的项目分为几个等级，根据等级进行收费。作为公司的创始人，在时间有限的情况下，她以首席设计师的身份只

做一级项目，收费相对低一些的二、三级项目，她可以交给其他设计师来做。

一方面，她要把时间节省下来，去承担领导应该承担的在市场拓展、公司管理等方面的责任，发展自己其他方面的能力。

另一方面，作为领导者是有责任带领员工成长的。专业能力强的领导很容易认为，自己花一小时就可以轻松完成的事，要花两小时去教别人，这太浪费时间了。但在这个时候，你就是需要放下专业能力，要容忍别人暂时无法达到你的标准，从心理上接受别人需要一个成长的过程。对于大多数人来说，只要领导者给他为自己负责的机会，给他一定的自主权，他就会产生很强的成就动机，会想办法把事情做好。

当我们能够帮助别人提升技能，让他在我们构建的系统里赚到钱时，我们也许能真的打造好自己的赚钱工具，使用别人的时间和技能，为自己创造财富。

大多数普通人的财富自由之路，第一次转变，就是从普通打工者向创业者的转变，即告别靠劳力赚钱的初级阶段，摆脱精力和时间的限制，突破身为打工者的收入上限。这种转变的背后，是敢于担当，是成为领袖，是思维的升级，是能力的提升，走好这一步，你才算完成了一次财富跃迁。

# 第三章　冒险

# 3.1

# 所有的财富都伴随冒险而来

2020 年，在北京的公司运行稳定之后，我又在广州成立了一家新公司。一段新征程就此开启，我也开始了每周都要南北来回飞的生活。

有朋友得知这件事之后，对我说："幸知，我觉得你是一个特别有冒险精神的人。"我多少有些不好意思，因为朋友提到"冒险"这两个字，我脑海里出现的第一个词其实是"蹦极"，这件事我还没有足够的勇气去做，所以我并不觉得自己很有冒险精神。

但朋友说："你在北京生活了二十多年，居然说走就走，去广州开公司。"在朋友看来，北京和广州毕竟一北一南，商业环境差异很大，而且此前我从未在广州持续停留超过一周的时间。

但这次看似突然的决定，对我来说其实已经不算是冒险了。因为此时的我，经历过从稳定央企辞职，重要合伙人离我而去，创业10年的种种艰难时刻……那么多次冒险，早已拓展了我的能力边界，我已经有足够的经验和勇气去应对这次行动了。

我很庆幸，我的每一次冒险都得到了奖励，所以我很清楚，所有财富必将伴随冒险而来。因此想到什么就立刻去做，绝不拖泥带水，已经成为我的思维惯性。当然跟所有人一样，如今的我仍然有自己的软肋。

其实，每个人身上的财富卡点，多少都与冒险相关。下文我将跟大家分享几个我们财富训练营里的真实案例。

我举办过几期在线课程，有个学员找到班主任，表示自己习惯默默学习，所以她想申请不开摄像头，不跟大家见面，也不做课堂发言和交流。或许这种方式才让她觉得熟悉又安全，但她浪费了这个课程中的"人"这一资源，也忽视了人与人连接之后的机会与能量。

有个学员是一位老师，她说自己很有求知欲，这些年考了心理咨询师、瑜伽理疗师等各种证书，但是因为爱好广泛，显得没有专长，她至今还没法将这些知识和技能变现，为此她非常焦虑。我邀请她打开摄像头，跟大家多介绍一下自己，她说自己没化妆，状态不好……

有个学员是某厂家的销售主管，她是一个销售高手。我们的课堂上有个环节是竞选组长，要面向所有学员发表竞选宣言，吸引组员加入自己的团队，最后带领组员一起努力，为业绩负责。她做了多年销售工作，但多是单打独斗，所以这次竞选组长和带领团队让她非常忐忑，她多次想放弃，担心自己无法胜任。

你发现了吗？她们三个人身上有一个共同的财富卡点，就是倾向于停留在自己的舒适区，按照自己熟悉或习惯的方式去做事，但是在自己需要改善的领域，她们又不断地逃避。

## 财富卡点 15 停留在自己的舒适区。

为什么我们会害怕改变、逃避改变？我们恐惧感的来源究竟是什么？

恐惧感的来源，首先是我们的天性。喜欢停留在自己的舒适区，按照自己熟悉或习惯的方式去做事，这是我们的天性。因为熟悉、习惯和舒适对我们而言，意味着安全感。

按照马斯洛需求层次理论，安全需求是基础需求里的第二位。我们有保障安全稳定、免除恐惧威胁的基础需求，这是刻在人基因里的需求（见图 3-1）。

改变，就意味着要抛弃现有的生活重新开始，这个过程往往要付出很长的时间和很大的努力，而未来是充满未知和不确定性的，人们会感觉恐惧和焦虑，从而不愿意进行改变。而当我们决定改变时，改变的不仅仅是自己的行为，我们需要准备好接受新的挑战，承担新的责任。这可能意味着我们要学习新的技能、适应新的环境或者建立新的关系。这些都成了我们改变自己的阻碍。

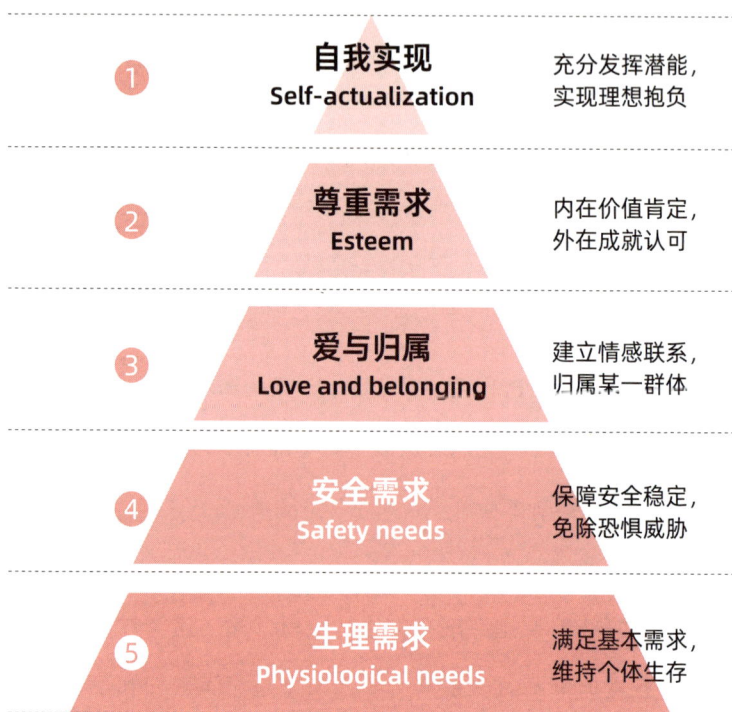

| 层级 | 需求 | 说明 |
|---|---|---|
| 1 | **自我实现** Self-actualization | 充分发挥潜能，实现理想抱负 |
| 2 | **尊重需求** Esteem | 内在价值肯定，外在成就认可 |
| 3 | **爱与归属** Love and belonging | 建立情感联系，归属某一群体 |
| 4 | **安全需求** Safety needs | 保障安全稳定，免除恐惧威胁 |
| 5 | **生理需求** Physiological needs | 满足基本需求，维持个体生存 |

图 3-1　马斯洛需求层次理论

其次是我们的基本情绪反应。都说人有七情六欲，其中的七情指的便是人有七种情绪和情感，分别为愤怒、欢乐、悲伤、恐惧、惊讶、厌恶和倦怠。人类最古老最强烈的情感便是恐惧，而最古老最强烈的恐惧则源于未知。

所以，我们总是会不自觉地沉溺于熟悉的思考模式、工作模式、择偶模式、沟通模式。

来找我做咨询的学员中，有一类人属于"吸渣体质"，她们总是无意识地寻找同一类渣男伴侣，一次次被无视，一次次被伤害，看起来好像总也走不出那个渣男魔咒一样，但其实她只是在无意识地重复，重复她自己熟悉的择偶模式和沟通模式。

当然也有一些学员，明明在婚姻里，双方已经极其痛苦，但她们依旧不愿意去改变相处模式，她们的嘴上总是喊着"离婚"，行为却总是停滞不前。当身边人试图劝说她们离婚的时候，她们又总会有一堆理由来解释自己不离婚的合理性。回到婚姻关系里时，她们会继续不断地折磨对方，导致双方筋疲力尽。

在心理学上，我们可以通过认知失调理论来理解这些人的行为。当个体的行为与信念发生冲突时，或者有两种思想彼此不同时，就可能产生认知失调，这种心理状态会导致不愉快的紧张感。人们为了避免这种不适感，会选择尽量不做出改变。她们在信念上觉得要离婚，但行为上又离不了婚，所以只能调整自己的信念，劝说自己这段婚姻还存在很多合理性，目的也只是减弱自己的信念与行为冲突带来的不适感与紧张感。

但不论是在财富关系里，还是在亲密关系里，不是换了人就会变好，更不是一成不变就会变好，关键在于你自己。在遇到问题后，你有没有主动寻求改变？

我建议大家，当你在婚姻里遇到难题的时候，先不要着急离婚，因为在没有厘清问题本质之前，离婚更多时候只是一种逃避问题的选项。如果你自己的问题还没有解决，那么你身边的人无论换成谁，这些问题大概率还是会出现。但当你看清了问题的本质和你们的相处模式后，你会开始变得澄澈透亮，你生活的方方面面也会随之改变。

当然，恐惧感的来源也有一些其他因素，比如过去的负面经历或者失败经验。有过这些经历的人一般不愿意轻易改变，因为他们不愿意再次承担失败所带来的后果。

我有一个学员曾经创办过一个心理空间，但由于市场定位不准确以及她非常希望加速变现等原因，仅一年时间，该行动就宣告失败了。这段经历给她带来了沉重的打击，她不仅损失了大量资金，还承受了来自家人和朋友的质疑及批评。之后，她一直尝试重新寻找创业的机会，然而过去的失败经历总是不由自主地浮现在她的脑海中，让她不敢轻易迈出改变的那一步。这种心态在一定程度上限制了她的发展，让她错失了很多可能带来成功的机会。

另外，恐惧感还有其他表现形式。

（1）回避风险：一个人惧怕改变的表现首先就是回避风险。为了避免可能的风险和失败，有些人会选择不尝试新事物。他们宁愿保持现状，也不愿冒险追求可能带来更大收益的机会。

（2）**拒绝学习**：当新的知识和技能成为适应变化的必要条件时，一些人可能会因为害怕学习时遇到的困难或担心自己的表现不佳而选择拒绝学习。

（3）**过度依赖他人**：有些人可能会过度依赖他人的意见和决策，以避免自己需要做出改变或承担责任。他们可能缺乏自信和独立性，因此更倾向于依赖他人的判断。

（4）**情绪化反应**：面对需要改变的情况时，一些人可能会表现出焦虑、愤怒或沮丧等情绪化反应。这些情绪可能阻碍他们理性地思考和处理问题，从而进一步加剧对改变的抗拒。

（5）**沉溺于过去**：过度怀念过去的美好时光，忽视现在和未来的可能性，也是逃避改变的一种表现。这种心态可能导致个体无法适应新的环境和挑战。

（6）**逃避责任**：有些人可能会通过逃避责任来避免需要改变的情况。他们可能会推卸责任，或将问题归咎于他人，以减轻自己面对改变的压力。逃避改变，害怕冒险的人，常常有以下特征。

1）对于现状，忍耐的能力远大于改变的勇气。

在自己熟悉和擅长的领域中不断重复，不主动改变，且执着地相信只有那些才是适合自己的，并对碰壁找各种"可能我不适合"的借口，而没有"我非做不可"的决心。

2）陷入固化的思维和行为模式，墨守成规。

用无效的努力替代改变的勇气，重复原来的模式，导致总
是得到同样的结果，常常难以破局。

自我设限会导致个体无法进步，甚至陷入贫穷与平庸；不敢尝试，
认为自己"不行、不可以"，给自己设置天花板。

以那位很爱学习的老师为例，她认为赚不到钱是学的知识不够多，
但其实努力学习已经成为她的舒适区，她在用这种努力来缓解无
法赚到钱的焦虑。她的财富卡点是无法把学到的知识变成能力，
并且找到合适的方式去输出、变现。

我们学习知识，提升能力，都是向内发展自我的过程，而她的问
题在于，她无法向外拓展自己，去寻找资源、连接人际关系、促
成合作，从而无法向外输出自己的价值。当一个展示自己的机会
到来时，她的下意识反应就是退缩、拒绝。因为对她来说，那才
是自己熟悉的舒适区。

德国心理学家伯格哈特·安德烈斯发现了影响人性格的第六大因素——冒险精神,也被称为"勇气",由此可见冒险精神的重要性。一笔新财富的到来,一定代表着你改变了旧有的模式和机制,实现了自我突破,做出了冒险。

# 3.2

# 什么是冒险精神

冒险精神，是敢于挑战自己的舒适区，打破惯性的思维模式和固化的行为习惯；是敢于行动，不怕失败，勇于进取的一种态度。敢于冒险的人总是在行动，不敢冒险的人总是在寻找各种借口，他们追求稳定，拒绝变化。

当然，大家不要忘记一句话，叫"人永远赚不到认知之外的钱"。冒险不是蛮干，更不是鲁莽。冒险不是让你做一件你当前根本不了解的事，它必须建立在你对自己和客观条件有着清醒认知的基础上。一个人只有将准确的判断力和大胆的冒险之心结合起来，才有可能取得成功。

财富训练营里有一个学员小爱，因为生育不得不放弃了工作，在家做起了全职主妇。但是，作为曾经的职场精英，她渐渐受不了只能伸手向老公要钱的日子，每次被盘问家庭支出的去向时，她都想尽快获得经济独立。

为了证明自己，她瞒着家人投资了自己根本不了解的行业，最后赔了不少钱。后来实在瞒不住老公了，夫妻俩闹得天翻地覆。

小爱投入的钱是她存的私房钱以及向父母借的钱。她期望在自己不懂的领域翻盘，这是非常危险的举动。当一个人急于得到什么时，他抓住的机会往往是一个陷阱。

每天想着"怎样迅速赚到一大桶金"的人，以为自己捡到了一个发财致富的机会，其实是把自己置身险境又浑然不知。

所以，良性冒险很重要。良性冒险就是冒险的程度稍稍大于你的认知范畴，但是还在你的可控范围之内。

我曾经在课程中讲过，要以钱赚钱。在做高风险投资时，一旦接触的项目是你不太了解的行业，你最多只能将自己收入的 10% 作为冒险资金投资。也就是说，你要确定自己能承受这些资金一夜之间被清零的后果。当然，它也可能很快变成 200%。但即便赚了钱，你若想再次投入，投入比例依然不要超过你收入的 10%。

在我的财富规划中，我把这类冒险资金的投入当成消费。我有一个年度账本，在这个账本里，对我不了解的新事物的投资，被我划入"消费"这一栏。只要我没卖掉它，它就是消费。如果有一天我卖掉它了，并且超过了本金的收入，我便会将其写到投资收益里。

这是为什么？因为我把投资新事物当成我了解新事物的一种方式，这部分消费的目的是学习，我在投资之后，看了大量关于该新事物的文章以及各类国内外对它的分析。对于它的涨跌，我的心态很平稳。在我的活动资金里，它的占比不到 5%。也有朋友在投资收益高的时候对我说，你要是当时多买点就好了。但我从不觉得遗憾，因为这在我的冒险范围之内。

如果你准备好在自己完全不懂的行业里进行投资，那么你至少要让自己投入的金钱风险变得可控。投资金额最多占你收入的10%，不能再多了。这是美国投资大鳄、桥水基金的创始人瑞·达利欧的忠告。

我们总结一下，如何让你的冒险更可控？在做你认为冒险的事之前，你可以试着问问自己：我对这件事了解多少？我真的看懂前因后果了吗？如果是突然到来的暴富机会，那为什么这个机会落在我身上了？背后还有哪些我不知道的信息？风险是我有能力承受的吗？高收益总是伴随着高风险，如果你想涉足这个领域，请你控制好投入的比例。

生活本身就是由一场又一场的冒险游戏组成，要实现财富阶层的跨越，你就必须拥有足够的冒险精神。你能够承担的风险越多，获得的财富也就越多，但是要学会有尺度地冒险。茨威格在《断头王后》中写道："命运所赠送的礼物，早已在暗中标好了价格。"从另一个角度来理解这句话，那就是当你承担了自己能承担的风险，你也许会赢得命运赋予的礼物。

## 3.3

# 你有没有赚钱的饥饿感

财富训练营里有不少学员对我说，他们对金钱没有那么强烈的渴望，好像从小到大也没有缺过钱，所以就没有太足的动力去赚钱。其实出现这个问题的根本原因，并不在于他们是否真的缺钱，而在于他们缺少赚钱的饥饿感。

**财富卡点** 16 **缺少赚钱的饥饿感。**

我们先来看一个真实的案例。

在财富训练营里，有一位叫小 L 的学员。她出生于一个普通的家庭，在 12 岁之前，她对金钱没有什么概念。这大概源于她父亲对钱的态度比较"佛系"①,他从不追求赚钱,也不享受花钱的快感。

直到意外突然来临,她的父亲因为轻信了做生意的合伙人,被骗了一大笔钱,从此一家人走上了漫长的还债之路。她在丝毫没有感受到钱带来点滴好处的年纪,就已经对负债有了深刻的体验。

在她的整个青春期里,记忆都充斥着由还债所填充的黑色画面,唯一微弱的光是来自内心对赚钱的渴望。她告诉自己,要做一个有用的人,尽快帮家里还清债务。这个执念一直支撑着她。

大一暑假,她申请去一家传媒公司的广告部实习,因为在这里做业务可以赚提成,赚钱比较快。她忙了一整个假期,跑了很多地方,遭了不少白眼,人也晒脱了皮,但是她赚到了人生的第一桶金——2万元,这是她一个夏天做了30多万元业务赚的提成。她永远也忘不了父母在接过这些钱时,脸上露出的难以置信的表情。

①　网络流行语,主要指无欲无求,不悲不喜。——编者注

第一桶金给她带来了更坚定的信念：凡事必须靠自己，也只能靠自己。

同时，她也发现了自己对销售工作的热爱。这种最初的热爱来自她对赚钱的执念，但她的热爱也是发自内心的，她如同一个赤脚的孩子，意外得到了一双合脚的跑鞋。这份工作仿佛给她开了一扇窗，让她看到了久违的希望。

凭着绝不认输的执念和拼劲，她在大学毕业之后，从普通的销售员升到销售代表，又成长为营销中心的负责人。在赚钱的路上，她一路通关，不但彻底解决了原生家庭的困境，还给自己打拼下一份不错的家业，她真正感受到了金钱和财富带来的种种现实层面的好处。

赚钱解决的不仅是物质层面的问题，生活的富足也让从前那个畏惧生活压力、心存恐惧与匮乏的小女孩的内心得到了滋养，她的安全感得到了满足。她从最初对金钱的无知到靠自我奋斗拥有财富，创富带着她到达新的人生阶段。

当然，财富带来的满足感是会出现"边际效应递减"的。前几年，她在实现了自己赚钱买房子的目标之后，发现自己好像只是开心了几分钟，剩下的就是失去目标和动力的无意义感。

就这样又过了几年，仿佛是命运的安排，她如同父亲一样，也遭遇了合伙人的恶意欺骗，亏了几百万元。好在如今的她已经不是当年那个十几岁的小女孩，20 年的成长足以让她有能力应对这次危机。

她进行了自我反思，并总结了很多经验教训，知道自己又来到了新的财富卡点。这次的财富损失就是一个提示，所以她来到了财富训练营，想重新开启与财富的连接。

小 L 的财富故事值得我们仔细分析。

赚钱的饥饿感是如何影响一个人的财富的？

第一，赚钱的饥饿感，是财富积累的最初动力。

什么是赚钱的饥饿感？说简单点，就是没有钱不行的压迫感。这种饥饿感多产生在不赚钱就没有饭吃、无法生存的紧要关头，发生在人生的至暗时刻。

我听过不少学员讲，他们赚钱的契机，源于人生突如其来的艰难时期。比如，要从一段痛苦的情感关系中走出来，拉着自己的行李箱无家可归，需要一个为自己遮风挡雨的屋檐，却发现自己根本没有足够的钱买下一个安稳的住处。当亲人躺在病床上奄奄一息，需要一笔治疗费延续生命时，自己却两手空空，有心无力，可能要眼睁睁地看着亲人忍受痛苦。

没有人愿意面对残酷的生活，没有人愿意过贫穷匮乏的日子。虽然还没有遭遇这样的情况，但不代表这种时刻永远不会出现。没有谁能轻易就获得安稳，要么是有人为你负重前行，要么是你需要未雨绸缪，早早做好应对危机的准备。

人们常说，没有在深夜痛哭过的人不足以谈人生。我想说，没有在贫穷与匮乏中苦苦挣扎的人，永远无法体会赚钱的饥饿感带来的强大驱动力。

第二，赚钱的饥饿感激发了人的行动力。

我们看小 L 的故事，能感受到她像一个战士一样去战斗，她没有时间思前想后，没有时间考虑退路，她必须一往无前，专注于自己的目标和结果。

饥饿感带来强大的赚钱动力，赋予人无法回头的坚决、不顾一切的勇气，以及不达目的誓不罢休的韧劲。在没有赚钱的饥饿感时，人们的信念是不够强烈的，他们无法获得行动的力量，也就难以改变现状。

第三，失去饥饿感，也可能伴随着赚钱能力或财富的失去。

当饥饿感消失时，它激发的人们赚钱的动力也在不断消减。以小 L 为例，她的前半生一直将赚钱作为目标，可是当财富积累到一定程度时，她的饥饿感已经得到满足，物质的富足已经不能给她带来更多的快乐和满足了。

财富是流动的，可以涌向你，也可以离开你，就像往杯子里倒水，水满则溢。当一个人没有及时清空自己，保持空杯心态，没有及时升级自己的目标时，他很难赚到更多的财富，甚至有幸赚到的一部分也会遭受损失。

那么，如何激发出自己赚钱的饥饿感呢？

首先，最核心的就是要找一份动力，不管这份动力是赚钱，还是为了体现你的人生价值，或是为了找到某种意义感或存在感，都可以。这份动力和对你个人独特的意义感才是核心及本质的问题。解决了人生的动力，你的很多行为才能顺理成章。

看看自己的财务状况，你真的不缺钱吗？如果遇到一些风险，你做好危机预案了吗？

其次，体验一下赚钱带来的好处，对钱有所向往。

赚钱的饥饿感是要被激发的，去想一下自己想要过什么样的生活。无论是一场说走就走的旅行，还是一次想买就买的自由，或者是有自己的房和车，这些都是需要钱来实现的。

你的这些欲望跟现有的赚钱能力是不是相匹配？如果不匹配的话，你应该怎么去做？有目标才有动力。

很多人认为精神富足远比物质富足更重要。这话本身没有错，但那不是你畏惧赚钱的挡箭牌。

此外，财富升级到一定阶段后，赚钱的饥饿感也需要随之升级。

财富升级到了一定阶段，如果你的目标仍然只是赚钱，那你可能会失去它。一方面，这是因为一旦赚钱的饥饿感被满足，人就会安于现状，不思进取，甚至患得患失，不敢再去冒险；另一方面，人在拥有财富的同时，也被赋予了更大的责任，你必须完成这个使命，如果你承担不了，你就要把多出来的钱再归还回去。

因此，当财富升级到一定阶段，你的格局也要提升，目标也要升级，你不能只看到赚钱本身。当你的目标不只是为自己赚钱，而是服务于更大的系统或更大的群体时，使命感会让你拥有更大的力量、更坚定的信心。比如，帮助别人解决内心的困惑，带领更多人实现财富自由等。帮助别人解决问题的过程，也是把财富引向自己的过程。

饥饿感可以让人在一无所有时，获得不得不义无反顾地冒险的勇气。但是如果是被迫产生的饥饿感，那么随着财富的增长，饥饿感会逐渐消减。

在财富升级之后，赚钱的饥饿感则需要你主动选择，它让我们能够及时清零，保持空杯心态；不安于现状，敢于冒险，不断挑战自己；使你每达到一个高度，都能升级自我，为迈向更高的境界而努力。

# 3.4

# 找到你的"最佳焦虑"

在人生的很多阶段，我都无数次反问自己：今天的你比昨天更让自己欣赏吗？这让我直到现在都非常警惕"舒适区"。

因为我深刻了解"温水煮青蛙"式的残忍，它让你日渐沉溺其中，等发现问题想要挣扎时，为时已晚。

我有个学员是一位临床医生。她目前一个月的工资是一万元，老公收入则高她五倍不止。所以她很焦虑，觉得自己的发展比不上老公。

她又觉得自己焦虑的原因来自领导，因为她的领导并不是那种能够带着科室大步往前走的领导，更倾向于维持稳定。如果考虑晋升，她又担心要多付出很多努力，也有可能努力了半天，最终竹篮打水一场空，因工作太忙而没有时间照顾孩子，最后得不偿失。

她是非常优秀的医生，只要领导让她参与项目或者任务，她都能做得很好。但她对人际关系感到非常害怕，所以慢慢退缩到只做"技术工种"。

焦虑具有双重属性，一方面是阻碍，另一方面也是前进的推动力。当你感觉焦虑的时候，可能觉得不安、恐惧，甚至想要逃避。但是当你正视焦虑时，适当的焦虑有可能转化成前进的动力。

我也常常有焦虑的时候，一旦进入焦虑，我便会条件反射地拍一拍手暗示自己："太好了！我即将突破新一重境界了！"挑战自己，尝试新的事物，发现更好的自己。

你知道废掉一个人最快的方法是什么吗？

一是让他闲着、懒着，不思考、不学习，让他没有任何变化，停滞不前。

二是让他沉溺在短期的快感里，比如打游戏、看短视频，这种快餐式的快乐会让他获得满足，甚至上瘾。

三是让他用错位的比较来满足自己，比如一直用自己的短板去跟别人的长处比，沉浸在自卑甚至自暴自弃的状态里。或者一直用自己的优势去跟别人的短板比，形成"我总是比别人强"的假象，一旦他信以为真，自我满足，他也就不再努力了。

而废掉一个人最隐蔽的手段，就是让他忙到没有时间。让他误以为这是充实的忙碌，实则是没有时间思考，没有时间规划长期的发展。只疲于奔命似的应付眼前的事情，或者只是机械性地进行重复劳动。

这种忙碌逐渐会成为一种习惯，使人看似努力上进，但沉浸在低水平的稳定中，它会消磨人的意志，让人逐渐成为价值感越来越低的人。

据我观察，财富训练营里有一些学员的财富卡点就源于此。

## 财富卡点 [17] 忙碌陷阱。

当这类人意识到这个问题时，他们中的很多人已经到了 30 岁以上的年纪，他们每天都在忙碌中度过，做着重复性的工作，和熟悉的人打交道，没有经历太多挑战，也无法突破自己的圈层，职场中有着随时被替代的危机。眼看着职场的上升通道就要关闭，他们很想改变，却不知道从哪里开始。

当一个人习惯一种舒适的状态时，他会倾向安于现状，或者产生无力感，无法主动改变自己。

我在 27 岁的时候，也焦虑过工作转型和未来发展的问题。当时，我在一家互联网公司工作，互联网从业人员普遍年轻化，平均年龄不到 30 岁，他们没有"退休"的概念，因为公司几乎见不到一位"老人"。27 岁的我在想，难道等 40 岁时，我还是像现在这样做个编辑吗？如果我不能接受这个结果，那么我现在应该做哪些准备？

心理学研究认为，人类对外部世界的认识可以分为三个区域：舒适区、学习区和恐慌区。处在不同区域的人会表现出不同的状态，比如，舒适区里的一切让人感到熟悉，处在这个区域的人，可以用自己习惯的心理状态或行为模式去处理问题，他们会觉得放松、稳定、有安全感。

学习区是最能让人进步的区域，处在这个区域的人愿意接受和学习新的知识和技能，愿意尝试新事物，迎接新挑战。恐慌区则是学习潜力最低的区域，处在这个区域的人常常感到忧虑、恐慌，心理压力很大。

进入学习区，不断开拓思维，开阔视野，激发潜力，是一个人摆脱恐慌的最佳方式。

很多人对舒适区存在一些误解，这导致有两种舒适区是不易被察觉的。第一种舒适区不一定表现得舒适，有时痛苦也会成为一种舒适区。奥南朵在《对财富说是》一书中说道："事实上，舒适区并没有那么舒适。你觉得舒适是因为你觉得熟悉。它带给我们安全的假象，却也是我们的监牢、我们的限制。"

在电影《肖申克的救赎》中，有一个角色老布，他老实巴交，在监狱里度过了大半生。当终于要获得自由时，他反而害怕了，好脾气的他甚至在监狱里打了人，只为能继续留在那里。后来他还是不得不出狱了，但他已经习惯了被监管的生活，外面的自由自在和车水马龙让他心生恐惧，最终老布选择在一家小旅馆里结束了自己的生命。

人之所以沉浸于痛苦之中不愿意改变，是因为相比之下，他更害怕不熟悉的环境和未知的一切带来的不安感。人们不愿走出舒适区，归根结底是害怕改变，害怕不确定性，对未来没有信心。

第二种舒适区很容易让人沉迷但不自知，那就是做你擅长的，让你持续获得价值感的事。我曾有过这样的阶段，那是在刚刚创业的时候，我还没有调整好自己的角色，仍然很享受作为一个编辑的成就感。比如一篇文章我飞速地浏览一遍，就能找出里面的错别字，甚至标点符号的格式这种细微的差错我也能很快地辨别出来。

但我很快就意识到，我已经掌握了作为编辑的基本能力，并且十分熟练了，机械性地重复对自己的成长也并没有太大的意义，依赖于它，我就会受困于此。作为一个创业者，我应该把注意力转移到其他领域上。

还记得在第二章提到的一位自己开工作室的设计师吗？她非常容易沉浸于设计师的身份中，因为那是她熟悉、轻车熟路的领域，给她带来的价值感也更多。但是，如果要完成从个人设计师到设计公司老板的转型，她必须走出专业技能领域的舒适区。

那么如何摆脱舒适区陷阱呢？

前文提到，人类对外部世界认识的三个领域，分别是舒适区、学习区和恐慌区。其中学习区是最有利于进步的，因此摆脱舒适区陷阱的方法，简单来说就是在舒适区的边缘进行练习，向学习区拓展。其中有个关键点，叫作找到自己的"最佳焦虑"。

舒适区之所以让人觉得安全，不想离开，是因为我们在此获得了掌控感，当我们需要向外去拓展新的领域，接受新的挑战时，这种冒险行为就会带来某种程度的焦虑。

心理学家叶克斯和多德森曾经做了一个著名的实验，发现焦虑水平和表现水平之间呈"倒 U 形曲线"。也就是说，当处在舒适区，焦虑水平低的时候，我们做事时的表现水平也低。此时，受到一定水平的刺激，焦虑逐渐增加时，我们的表现会越来越好。其中，在一个特定的焦虑水平上，我们会有最佳的表现。如果焦虑再持续增加，我们将会因为压力过大，表现得越来越差。

能够激发人做出最佳表现的焦虑水平，就是"最佳焦虑"。每个人的最佳焦虑水平都不同，需要我们自己探索，以实现更高效的进步。

在职场舒适区挣扎的人，如何利用"最佳焦虑"，从舒适区边缘向学习区拓展呢？

第一，从低效的忙碌中解脱出来，思考自己未来的发展方向，并制定一个长期目标。比如，学习一项新的技能，发展副业或者独立创业等。创业以后，告别了熟悉又擅长的职位，你的角色会更加多元化，你可能是销售员、运营，或者是管理者，适应新角色就要挑战未知领域，但是克服了各种情绪和困难，承担起每个角色的责任之后，你的成长也将是飞跃式的。

第二，把长远目标合理分解成一个个小目标，做好时间规划，按步骤完成。分解长远目标的目的，不是一下子把自己从舒适区逼入恐慌区。而是循序渐进地从舒适区边缘向学习区试探，找出自己的最佳焦虑水平。

如果你需要时间来学习新技能，就要从当前的工作生活中挤出时间。此时，你的小目标可能是如何管理自己的时间，如何高效地工作。梳理出每个小目标，就规划出了实现长远目标的路径。

如果你发现自己的圈层固化，很难有新机会，那么就要想办法去拓展圈子，寻找更优质的人际关系资源。去哪里找这些人，就成为你当前的小目标。总之，小步快跑，快速迭代，拥抱改变，才是你的目的。

有句话说，如果手里拿着一把锤子，那么在你眼里所有东西看起来都像是钉子。可见，习惯会让我们形成思维定式。走出熟悉与惯性的舒适区，摆脱舒适区陷阱，是我们有勇气获得财富自由的第一步。

# 3.5

# 突破"金钱恐惧症"

财富是一种能量，当这种能量的流动出现问题时，我们就要追溯一下自己跟金钱的关系。如果不深入探究，我们可能无法意识到自己其实是害怕有钱，甚至会跟钱过不去。

## 财富卡点 18 跟钱过不去。

上文提到过，一位学员认为，男人有钱了就会变坏，所以她潜意识里就害怕家里变得有钱。在该学员小的时候，她爸妈就因为钱不断吵架，最后导致家庭破裂，所以她对金钱有了不好的认知，认为金钱是婚姻幸福的破坏者。

人的信念和恐惧往往是由他们过去的经历塑造的，特别是成长过程中的关键时刻。原生家庭的经历对个人成长和信念体系有着非常深远的影响。如果一个人在成长过程中经历了父母关系的破裂，尤其这种破裂是与金钱问题相关的，那么不管是因为父亲发财之后抛弃母亲，还是因为家庭过于贫穷而频繁吵架，这个人可能都会在潜意识形成一种信念，即认为金钱是不好的，是金钱导致了关系破裂。

第二章里详细讲了如何与原生家庭和解，这里我想跟大家聊聊，我们到底该怎么从过去原生家庭失败的金钱模式中走出来。

首先，认识和接受自己的金钱观念可能是受到了原生家庭的影响，这是改变的第一步。回顾和分析自己的家庭历史，理解父母的金钱观念是如何对自己产生影响的，思考这些观念是否是真的适合自己的生活和价值观。

其次，根据自己的理解和价值观，设定新的金钱管理目标和原则。这些目标应该是积极的，是能够支持你的个人发展和幸福感的。将新的金钱观念付诸实践，并在实践中不断调整。记住，改变是一个过程，你需要时间和耐心进入小成本试错阶段。

再次，要跟和你金钱观不同的人多聊聊，去理解他们的世界。也许你讨厌追求暴利、投机的人，也讨厌吝啬的人，但是有机会你还是可以和他们聊聊，去看见他们的世界，了解他们金钱观念的来源，更多地接纳这个世界的多样性，这会为你发展真正属于自己的破局的金钱观奠定基础。

电视剧《都挺好》里的苏明玉，她的家庭背景是典型的重男轻女的，父母对她的兄弟投入了大量的资源和期望，而对她则是相对忽视的，这种家庭环境对她的成长和价值观产生了深远影响。

苏明玉的家庭环境充满了金钱的不公和偏见，她的母亲为了省钱牺牲了她的教育机会，但是她并没有被打败，反而带着这种愤怒与不甘，展现出强烈的求生欲望和坚韧不拔的精神。经过在外多年的打拼，她最终成为女强人。

当然，她也懂得如何平衡自己的需求和家庭的期望，如何在经济上给予家人帮助，同时又不失自己的原则和底线。

另外，我还有一位学员讲到，小时候母亲带着她去外婆家还钱，当时交通还不发达，她们乘坐的长途汽车在半路发生事故，现场一片混乱，钱被弄丢了。母亲很伤心，但外婆安慰她们说："幸好人没事，就当破财免灾了。"这句话像种在了她的心里，以致这么多年过去了，她一直是"月光族"，仿佛不把钱花掉，就会遭遇不幸。

还有位学员说，自己小时候家里条件不好，父母不得不外出做小生意。后来家里生意越做越大，父母之间的争吵也越来越频繁，婚姻名存实亡。她看到的现实是，过穷日子的时候，一家人和和美美；但有了钱之后，家却散了。所以她的执念是，一旦有了钱，婚姻关系就会出现问题，因此她不敢把自己的赚钱能力完全释放出来。

还有一类人，他们不敢赚熟人的钱。不管销售什么产品，他们都不敢在自己的朋友圈里发产品推广的广告，也无法向朋友推荐产品。如果有熟人真的在他们这里下单付款，他们马上就要请对方吃饭作为补偿，所以每次成交，不但赚不到钱，还要赔上几百元。之所以会这样，是因为他们怕"谈钱伤感情"。

很多人无法相信自己其实是拒绝甚至害怕拥有财富的，就像得了"金钱恐惧症"。恐惧是什么？恐惧是我们为了保护自身生存、安全而产生的一种防御心理。

当恐惧金钱的时候，我们到底在害怕什么？是害怕有钱而会遭遇不幸，是害怕赚钱而会失去关系，是害怕失败、被拒绝、冲突……

这些恐惧可能源于生命早期被植入的对金钱的错误认知，就像那位深信破财免灾的学员一样。还可能来自自己曾经片面的经验，比如认为"有钱会影响婚姻关系"的那位学员，她只以自己原生家庭的情况为样本，同时把父母婚姻关系的问题都归咎于钱，这是一种很片面的认知。

恐惧还可能来自对未知的担忧，事情还未发生时，就已经开始对结果进行负面的假设，并产生畏惧和趋利避害的行为。谈钱真的会伤感情吗？还没发生时，有些人就开始对此深信不疑。

那么应如何避免你的"金钱恐惧症"呢？

**方法一** 转变思维方式，正确认识金钱和恐惧

财富是一种能量，它本身并没有好坏属性，它对人能起到什么作用，完全取决于掌握财富的人如何使用它。

恐惧是人的本能，它不会消失，只能被克服。恐惧不是问题，被恐惧限制才是问题。最怕的是找不到自己的恐惧点在哪里。

克服恐惧，最基本的态度就是接纳和承认恐惧的存在。只有不回避，承认自己有恐惧感，你才能更好地了解自己恐惧的到底是什么，它来自何处。真正的勇敢是承认自己害怕，并选择去面对。

我们担忧的事大多不会发生，但这些不会发生的事却真实地影响着我们的情绪和行为。

以前，当知道自己要当众演讲时，我会想象出各种让人担忧的情景。比如，一站到台上就紧张到忘词，甚至大脑一片空白；讲得不好，不被观众认可。但在做过多次演讲之后，我已经很清楚，只要准备得足够充分，以上情况根本不会发生。

戴尔·卡耐基认为，我们所担心的事情，有 99% 是不可能发生的。大多数的恐惧并不是事实，而是我们自己幻想出来的假象。

我们可以及时清理这些假象，帮助自己迅速摆脱被恐惧控制的状态。当你在为一些事情感到恐惧时，你可以把自己害怕的内容逐一记录下来，然后看这些事情到底有多少会真的发生。等过了一年或者三五年之后，你再去看看这些事情对你产生了哪些影响。

其实，当你跳出现在的圈子，从一个更高的层次、以发展的眼光审视当下遇到的难题时，你就会发现，这些困难甚至不值一提。

**方法三** 将注意力全部投至你将要做的事情

这一点我在攀岩过程中深有体会。我其实有点恐高，在攀岩的过程中，越是从半空中往下看，我的腿抖得就越厉害。

如果强迫自己只盯着前面的目标，不往下看，不停往上爬，我反而没那么多杂念。等爬到顶，我会发现其实也没有那么可怕，反而有种战胜自己的成就感。

不停留在自己的恐惧中，将注意力聚焦在自己的目标上，你才能更专注、高效地做事，把恐惧的感受忘掉。

尼尔·唐纳德·沃尔什在《与神对话》中说道："人类所有的想法
和人类所有的行为，不是出于爱，便是由于怕。"

怕是收缩、封闭、攫取、跑开、隐藏、独吞、伤害的能量。爱是扩张、
开放、赠送、停留、敞开、分享的能量。

可见，爱是比恐惧更大的力量，我们可以用爱来应对恐惧。

恐惧源自人的本能，它的本质是一种能量。而我们自身与之产生
关系的方式，决定恐惧是否会成为问题。一个认为"有钱会不幸"
而总是花光所有钱的女性，为了让家人过上更好的生活，愿意拼
命赚钱；一个认为"有钱婚姻会不幸"的女性，为了养育自己的
孩子，可以变身为勇敢的职业女性。

因为怕，我们会沮丧、退缩，不敢行动，这是恐惧的力量。但因为爱，
我们会勇敢、积极，克服一切困难也要去改变，这是爱的力量。

恐惧是一种指引，让我们不断去突破自己，走向人生新阶段。每一次对自己的超越，都在给予我们一种自信：我们有能力克服恐惧，改写人生脚本，全身心地拥抱财富，成为那个自在的、更好的自己。

# 第四章　合作

# 4.1

## 有能力成就彼此，有智慧处理关系

近几年我一直在做女性创业咨询，举办了很多期财富训练营课程，接触到非常多的女性创业案例，我发现大多数女性事业之所以做不起来，是因为她们没有足够的合作精神。

每个人都有自己的短板。很多女性知道自己的问题，比如有的人擅长精细化打磨产品，但是缺少人际关系资源链接的能力；有的人很有创新思维，但是缺乏落地执行力。那么如何解决这些问题呢？她们的基本思路是"哪里不足就补哪里"，也就是通过提升自身能力短板来解决问题。

缺少某种能力其实并不算是财富卡点，她们的真正问题是，认为自己只有补足短板这一种解决问题的方式，其实这是在希望自己能完成所有的事，是一种单打独斗的思维方式。

## 财富卡点 19 习惯单打独斗。

更快速有效的方式是找到自己的长板资源，作为优势能力项与其他人进行交换与合作。把自己能力不足的部分，让给在这方面特别擅长的人去做，彼此合作，实现共赢。所以在财富认知模型中，合作是非常重要的一项。

合理的分工与合作能带来更多的财富。每个人都把有限的资源用来做成本相对较低的任务，相当于生产出相对更高效、更具有优势的产品，然后进行交换，这样整个社会产品的总价值就能够达到最大，而且个体的境遇也将得到改善。

所以，我们从合作的角度，再看这个寓言故事带给我们的提示。

- 自私且拒绝合作的人，是没有生存发展机会的。人都有自己的短板，拥抱合作才拥有美好的未来。

- 如果你有能让别人吃饱饭的本事，那么你也能因此而有饭吃。

合作对女性来说，其实是有自己的优势的。丹尼尔·亚蒙在其著作《女性脑》中指出，女性天生更适合成为老板，因为女性有更高的共情与合作能力。

女性脑的一大优势是共情，也就是说，女性更能换位思考，感他人之所感。较高的共情力使女性在团队中更容易达成共识，许多女性领导者鼓励合作，而不是单打独斗。

在西蒙·巴伦－科恩博士的研究中，我们可以找到这一结论形成的原因：男性脑依靠系统化思维来搞清楚事情的运作方式，倾向于找出背后的规则，他们的目标是了解系统，这样就能预测接下来会发生什么。

女性脑的共情倾向让女性总是在意对方在想什么，有着怎样的感受。"在这种情况下，女性的目标是了解另一个人，以预测出对方的行为，并形成适当的情感联系。"

当然，女性特质让我们在合作上也容易出现一些共性问题。

## 财富卡点 20 需要掌控才能有安全感。

女性倾向于控制全流程，或者成为完美主义者。

很多时候，女性容易有比较强的控制欲，这种控制欲使女性试图一个人掌管全流程生产线，这样才觉得踏实。但是这样做，在合作中往往会出现问题。

我们用家庭分工来举例说明。很多女性作为母亲掌管了生孩子、带孩子、教育孩子，无形中把生产线的全流程都包办了。这些事交给别人去做，她们不放心，因此事情越做越多，而且还非常辛苦，还会抱怨，觉得男性不作为。

不管是家庭合作，还是事业合伙，我们都要考虑适当让渡，给别人一些机会。

此外，很多女性容易成为完美主义者，总认为把东西做到极致和完美，才能拿得出手。这种完美主义的追求在创业过程中常常是绊脚石。

在财富训练营中，有几个学员就出现了这样的问题。她们花了太多时间和精力去打磨一种产品，而在单个产品上付出太多的时间和精力，很难做到规模化，而且尽善尽美地把产品做好，到头来发现付出的时间和收到的金钱回报并不成正比，又觉得自己的付出不值得。

前文提到了合作可以解决的问题：一是在合作中投入精力去做自己比较具备优势的事情，把不擅长的任务让渡给其他人；二是抓住主要矛盾，不在琐事上浪费比较优势，把精力投入在重要的事情上。

## 财富卡点 21 不敢与比自己优秀的人合作。

不敢与比自己优秀的人合作，局限于与自己同频的人合作。

我记得在财富训练营里，有个学员分享了自己一年以来的最大突破，就是敢与比自己优秀的人合作，而以前她长期卡在这个点上。以前她邀请同领域的专家在自己的平台上合作课程，总是担心自己的资源达不到对方要求的层次，不能开展合作，当然她更担心自己平台的用户流失。

与更优秀的人合作的好处是，对方有更高的格局以及更成熟的合作观。她找到的这位专家告诉她，她的客户其实是抢不走的，合作是为了双方互利共赢。最终，她的客户确实没有被抢走，而且她更多元地满足了自己平台用户的需求。

不要怕被优秀的人抢走什么，他们能给你带来更大的价值，而且能被别人抢走的，都不是你的客户。

财富常常是从人与人的合作中产生的。我们习惯找跟自己气质相似的人以及与自己层次同级的人合作，但如果我们想要发展，就必然需要深层的互补合作，这时就需要我们接受与自己气质不同的人，寻找比自己优秀的人，积极与他们合作，发现新的财富机会。

第四章
合　作

## 财富卡点 22 缺少共赢思维。

我们很容易跳入"零和博弈"的思维陷阱中,强调竞争,拒绝合作。什么是"零和博弈"?它指的是在严格竞争下,一方的收益必然意味着另一方的损失,博弈各方的收益和损失相加总和永远为"零",双方不存在合作的可能性。因此在现实中,零和博弈往往导致双方虽然彼此需要,但谁也不愿意迈出合作的第一步。如果要实现财富的聚集,我们首先需要把思维由"竞争"转变为"竞合""共赢"。

历史上有一个"范蠡贩马"的故事,很好地运用了协作共赢的思维。

范蠡举家迁到陶邑后,主要做一些小本生意。后来,他了解到吴越一带需要好马,他立刻想到,可以从北方收购马匹,卖到吴越去,贩马是能赚大钱的生意。但这个生意最大的难题就是怎样把马匹运到南方,一则是路途遥远,肯定要有一笔不小的花费;二则是沿途有强盗,很难保障安全。

后来，范蠡了解到，在这条来往的商路上，有个经常贩运麻布到吴越一带的商人，已经将沿途的强盗买通。于是范蠡放出消息称，自己新组建了马队，可以免费帮人向吴越地区送货。

贩运布匹的商人很快就主动找上门来，想让马队帮忙运货，范蠡爽快地答应了。就这样，马匹带着麻布安全到达了吴越地区。范蠡的马匹很快就被卖出，他赚了一大笔钱。范蠡帮别人送了货，也借了别人的势，把自己的马匹安全送到，双方实现了共赢。

常言道，消灭敌人最好的办法就是把竞争对手变成自己的朋友。这可以说是成功借势的最高境界。

# 财富卡点 [23] 过度给予。

前文提到了"女性脑"的优势，但任何事物都有两面性，善于共情也会给很多女性带来压力，比如女性会过多考虑别人的感受，过多参考他人的想法，甚至依赖别人做决策，还有一点就是女性往往会在合作中过度给予、过度付出。

其实我也有过这样的阶段。"幸知在线"平台做起来之后，我经常被邀请参加一些活动并做演讲。每到这时候，我都会非常认真地准备，恨不得将很多节课的干货融进一次演讲中，仿佛只有这样才能体现我的重视，才能证明我的演讲有价值。这其实就是一种过度给予。

这种方式往往并不适合当时的场景，比如我没有弄懂台下的听众在这个场合的需求到底是什么，他们是否愿意在短时间内听到干货密度大的演讲，毕竟那里不是学习的场所，消化起来比较困难。通过一次演讲，大多数人觉得你有趣，愿意跟你产生连接，这就足够了。

后来，我反思这很可能只是我无意识的心理需求。对我而言，并不需要通过一次演讲来证明自己的能力。演讲这个小问题的启示，让我在后来和他人的合作中，更能掌握好"度"的问题，也就是合作的边界。

能挣大钱的人的身上都有一种特质，就是善于合作，也敢于合作。只能单兵作战的人是很难成就大事的，不会合作的人就很难有未来。最好的合作状态是，有能力成就彼此，有智慧处理关系；大家和而不同，各美其美。

## 财富卡点 24 婚姻合作中如何去金钱的博弈？

婚姻的本质是合作，合作的领域包括经济、生育、抚养、照料、情绪价值等方方面面。在找我咨询的上万个学员中，大部分人都会问我一个问题：如何跟伴侣谈钱？关系中的财富很有趣，表面上是在谈钱，本质上是合作关系的博弈。

有部分女性对财富控制的边界感不清晰，原则不明确，导致自己不断被"讨价还价"。有的女性出于对伴侣的同情与心疼，或对于冲突感到不舒服、害怕争执，所以选择不断退让。她们对金钱谈判没有经验，不知道怎么坚持自己的立场。

心理学上有一个理论叫"受助者恶意"，用俗话说就是"升米恩，斗米仇"，指的是受助者在接受帮助后，不仅不会感激帮助者，还可能对其产生负面情绪，甚至仇恨帮助者。这种情绪可能是这个被帮助的人感觉自己无法回报所受的恩惠，或者感觉自己的自尊受损，从而对帮助者产生不满。

有个个案，男人拿着老婆的钱去创业，成功之后反而对老婆各种嫌弃和诋毁，最终他选择抛弃老婆，其中也不乏受助者恶意的道理。

生活不是爱情偶像剧，人性的弱点总会让你在无原则退让里变得鲜血淋漓。

伴侣关系中涉及金钱的时候，我们千万不要以为退让和妥协是永远正确的。当然，逼着老公把钱交给自己，也不是正确的方式。

在婚姻合作中，金钱可以被看作一场博弈。在这场博弈中，夫妻双方都会试图掌握更多的经济资源，以获得更多的控制权和话语权。但是这种博弈不是零和游戏，一方的胜利并不意味着另一方的失败。如何通过沟通站在家庭共同利益的立场上，是夫妻需要共同面对的课题。

那么，在婚姻合作中，我们到底该怎样去和伴侣谈钱呢？

## 1 〉 明确你的底线与边界

很多婚姻里之所以会出现谈钱障碍，是因为我们潜意识觉得谈钱伤感情，所以不好意思谈钱。我们要先在意识层面明确：好的金钱关系不仅不会伤感情，反而会更有利于你们之间平等的亲密关系。

不要畏惧、不要害怕，更不要轻易退让，想清楚你在金钱方面的底线是怎样的，你的原则与底线一旦被挑战，你便需要为自己的权益博弈和战斗。

## 2 〉 建立开放式沟通的环境

找一个双方都比较放松的时刻，避免在压力大或者情绪不稳定的时候进行讨论，建立开放和诚实的沟通环境，双方坦诚地分享财务状况、预期和担忧等。如果两个人的关系已经出现了危机，一方想通过掌控金钱的方式来给这段充满危机的婚姻找补，那么对不起，双方一定会成为金钱上的敌人。

### ③ 设定共同的财务目标

这是促进合作的关键，不管是为了买房、养孩子还是退休计划，共同的目标都可以帮助夫妻双方保持动力并共同为目标努力。通过这种方式，可以减少浪费和冲突。

### ④ 定期评估

随着时间推移，夫妻双方的财务状况和目标可能发生变化，所以一定要定期评估和调整财务计划。你需要对你们的家庭财务状态有清晰的了解，切记不要糊里糊涂地替你的伴侣背上不必要的债务。

在这场博弈中，也可能会出现矛盾和冲突。比如一方试图掌控更多的家庭财务，或者对另一方的经济状况提出过高的要求。在这种情况下，双方就需要冷静地分析问题，进行沟通并找到解决方法。同时双方也需要尊重对方的意愿和权利，确保婚姻关系稳定。

当然，在这里我要特别提到一类女性群体——全职母亲。相信在有了孩子后，很多女性都考虑过要不要做全职母亲。我的回答是，你当然可以选择做全职母亲，但关键在于，成为全职母亲前，你要先和丈夫谈判。包括如何分配家庭财富管理的权限，丈夫需要对家庭付出价值有认可，妻子坚决不能做甩手掌柜，对家庭的财务状况一无所知，甚至出现"老公步步为营，让老婆净身出户还背负一身债务"的情况。

我曾经有一个学员，为了家庭的发展和孩子的教育，选择了做全职母亲。她在家庭生活中尽职尽责，但从来不关心家庭的财务状况。她非常信任自己的丈夫，觉得他能处理好这一切。但是慢慢地，丈夫掌管财政大权，背叛了婚姻。后来她虽然知道了这件事，但是没有办法改变，连挽回的资本都没有，因为家里没有一分钱是属于她的，她觉得自己需要靠老公的"打赏"度日。而面对老公的公司复杂的股权结构，她又不敢去追查那些金钱的出处，她觉得这是一件超出她能力范围的事。

如果你决定要成为全职母亲，或者你的家庭要求你成为全职母亲，那么你一定要关注并参与家庭财富的管理。如果你完全放手不管，就很有可能像上文中的学员一样，让自己和家庭都陷入危险。

女性在决定成为全职母亲之前，应该与丈夫充分沟通，明确自己在家庭财务管理中的角色和责任。同时还要不断提升自己的财务素养，以便更好地参与家庭财务决策，确保家庭的财务安全。

# 4.2

## 经济独立与情感自立

很多人问我，一个女人幸福的关键是什么？

我的答案是：有钱，有爱。作为女性，若能一手搞定钱，一手搞定爱，那么肯定不会过得太差。当然，这对女性的要求也不低，那就是要实现经济独立与情感自立。

在我的公司里，包括高管在内的同事几乎都是女性，我的客户90%也是女性。我深知对女性来说，财富和情感之间的关系有多复杂、多微妙。

"幸知在线"前后有两任女高管离职，都是因为家庭。她们选择暂时放弃个人职业发展，回归家庭，照顾丈夫和孩子。当家庭和事业难以平衡的时候，女性更倾向于回归家庭。这是我在决定任命女性高管的过程中不得不尊重的事实。我开始反思，女性是如何在个人发展中与金钱、事业产生阻隔的。

几年前，"幸知在线"的一位来访者从很远的城市到北京找我。当时她27岁，很漂亮，也很聪明。在看到我时，她的眼里不由自主地含着泪，彼时她正经历着人生最痛苦的时刻。

在外人看来，她是一个幸福的女人，在一个浪漫的地方举办了订婚仪式，事业成功的男人单膝跪地，承诺要呵护她一辈子。她深信不疑，收起了所有的锋芒，安心在家做一个好妻子。后来，她有了一双儿女。

嫁给他那年，她23岁，一个自以为很懂爱情的年纪。3年后，她的丈夫指着她的鼻子质问："你除了吃喝玩乐，还会干什么？"她自以为幸福的3年，被丈夫的质问声彻底打碎。

她面临的问题是没有收入来源。脱离职场，个人发展受限。这是众多女性都会遭遇的问题，即陷入职场和家庭的两难选择。

## 财富卡点 25 为了家庭阻断个人成长。

为了家庭阻断个人成长，是需要很大勇气的，因为这个选择意味着要承担风险。家庭不一定是永远的避风港，如果我们选择了阻断与金钱和事业的关系，家庭关系又出现了问题，那么女性可能就退无可退了。

如果我们能跳出情感角度，用合作的视角看待婚姻关系，或许就更能明白"经济独立，情感独立"这八个字有多重要了。

婚姻的本质也是一种合作关系，伴侣是我们人生中最重要的合伙人。互联网经济学者薛兆丰曾表示，"结婚，就是双方拿出自己的资源，一起办家庭企业，签的是终身批发的期货合同"。

这跟合伙经营事业有共同之处，"也许每个人的资源不一样，作用不一样，功效不一样，但一定是互相出力，实现双赢的"。

一旦双赢的平衡被打破，关系就很容易出现问题。

德国企业家博多·舍费尔忠告女性："请你不要轻待'金钱'这一话题。舍弃金钱的人，就舍弃了自己可能成为的人。如果否认自己可以拥有得更多，你就会成为今天的牺牲者——代价就是你的未来。"

要想赢得婚姻，唯有情感自立，没有任何捷径。

情感自立的最佳状态，是能跟关系中的另一方和谐相处，同时保持独立的能力。情感自立有以下几个原则。

第一个原则是经济独立。如果一方在经济上没办法离开一个人，在情感上，他也会处于弱势状态，所以情感自立的第一原则就是保持经济独立。这是女性获得社会成就感和价值感的必然，对女性来说，一旦有了钱，就意味着掌握了生活控制权。

要知道，合作关系的特点是，基于共同的目标和利益而连接在一起，这种关系可以十分亲密，但也可能迅速崩溃，让双方形同陌路。婚姻也是如此，两个人感情好时，可以不分你我。但一旦关系崩溃，是没有所谓的体面和情分可言的。

在合作关系中，双方都需要提供自己的价值，同时也能从对方那里获取自己想要的。有所取必然有所予，这样才能维持关系的平衡。

一个情感自立的女性，相信自己的价值和能力，并努力不断创造自己的价值。情感不自立的女性，往往这样认知自己的身份："我是一个 30 岁的剩女""我是一个 30 岁有了孩子拖家带口的女人""我是一个离过婚的女人"……

无论结婚与否，你都得有养活自己的底气和实力。一旦你拥有了独立的经济能力，不再让自己的生活依附于别人，那么在面对婚姻时，你就会少很多杂念，而多一份从容和淡定的底气。

第二个原则是在情感上可以依赖别人，但不能依附于任何人。人生伴侣就像合作伙伴，婚姻就是你们一起经营一家被称为"家庭"

的公司。要想令婚姻关系持久，双方必须在变动的情感关系里寻求平衡、共同成长。

进入婚姻关系，并不是说你从此可以求得终身呵护，可以放弃自我成长，把自己的未来全盘依附于伴侣。婚姻是一个账户，双方都必须不断向账户里存储价值。没有永远不变的爱情，只有共同成长的夫妻。学会驾驭自身情感，你才能拥有一段美满的婚姻。

创业以来，我非常感谢丈夫的鼎力支持。他也是创业者，会共情我的创业感受，默默支持我。他既不会给我压力，也不会帮我找退路。他会告诉我，那是公司发展的必然过程，而不会对我说"太累了你就不用做了""公司倒闭了也没关系，你回家就好"这样的话。他理解我的选择，也支持我的决定。

第三个原则是在亲密关系中既要保持亲密的连接，同时也要保持独立的思想、人格和能力，最终实现个人价值和人生规划的统一。

怎样跟一个人维护长期的亲密关系？怎样才可以共同成长？这是婚姻中很重要的事情。

情感自立的女性，是能够长期与一个人保持亲密关系的。哪怕激情不再，她还是有办法推动关系不断成长。这个相处的能力非常重要。

一个情感自立的女性，懂得自我学习和成长，拥有自己的世界，在社会里能找到自己的角色和位置。她也懂得在生活中为爱人和孩子留出时间和空间，有与另一半和谐共处的能力。

一个情感自立的女性，了解自我需求，也懂得为成就家庭而做出适度的牺牲，并且这适度的牺牲也是为了更好地成就家庭，终将成就女性自己。

一个情感自立的女性，不是以委曲求全的改变去讨好男人，而是为了成就更好的自己，为了自我世界的宽广而做出改变。

有一个学员曾问我："女人是不是不能回归家庭？因为这就意味着经济不独立了。"其实这并不绝对，而且经济独立也不代表一定会情感自立。

这个学员的父亲从小就重男轻女。为了证明自己的价值，学员努力了 20 多年，终于小有成就。但结婚之后她发现，虽然自己对丈夫很好，但丈夫还是背叛了她。后来在咨询中我发现，她每天会对丈夫提很多要求，指挥他做这做那。其实在潜意识中，她在不断证明自己。丈夫受不了她的高压，只能通过逃离和背叛来缓解压力，寻求自身的价值。

她是一个优秀的职场精英，却不是一个情感自立的女性。单靠经济独立不能实现情感自立，情感自立是经济独立的前提，经济独立是情感自立的保障。

职业女性和家庭主妇只存在分工差异，不存在高低之别，照顾家庭与职场奋斗都很重要。

即使在家带孩子，女性也要把 30% 的时间留给自己，让自己的生活领域更宽广。这些时间，你一要用来维护你的社会关系，对人际关系进行投资，避免与外界脱节；二是要尽可能地保证学习，让个人技能持续更新，拥有立足社会的底气。

财富与情感是有共通之处的，它们都是很高等级的能量，都是流动的，都需要主动去经营，都会跟同等的能量产生共振，也就是会相互吸引。因此，我们需要长期维护和经营财富与情感关系，让能量在关系中流动，在与对方的共振中，成长为拥有更高能量的自己。

女性很多婚姻情感问题，一半以上来自经济问题。当我们突破了这个财富卡点，很多问题就迎刃而解了。

# 4.3

## 合作中的边界感

在电影《中国合伙人》里，作为三个合伙人之一，王阳在自己的婚礼上开玩笑说，不要和好朋友合伙开公司。从电影中我们也可以看到，一开始各有所长的三个人，在实现梦想后矛盾日渐激化。矛盾与冲突，或许是合作中无法回避的问题，也非常考验智慧和人性。

在财富训练营中，有位学员讲述了她的故事。她开过实体店，但结婚之后，因为家庭的原因，实体店没能坚持开下去。她的丈夫经营着一家公司，所以婚后她就顺理成章地处理公司财务方面的工作。但时间长了，夫妻二人在很多事情的处理方式上有了很大的分歧，双方谁也说服不了谁，产生了很多问题，也影响了夫妻感情，所以她很想独立出来，自己做一点事。

我问她，在丈夫公司做财务期间，拿过属于自己的薪资吗？

她说，没拿过什么工资，她和丈夫的钱都放在一块儿。之前她有一部分存款，但是因为做投资都亏了。也正因此，她想出来独立做事，却得不到家人的支持，丈夫更是经常给她泼冷水。

所以，她觉得自己进退两难：独立出去赚钱，自己没有本钱，也缺少家人的支持；回归家庭、服务于丈夫的需要，她又不甘心，而且他们的职场关系已经给家庭关系带来了负面的影响。

很多夫妻、朋友或者亲戚一起合伙经营公司，都会存在界限不清的问题。

## 财富卡点 26 界限不清。

以上述案例中的学员为例，她和丈夫明显将夫妻关系带入了职场，夫妻角色影响了职场角色，然后双方又把职场关系带入家庭，职场矛盾引发了家庭矛盾。

人与人之间形成任何关系都是以合作为基础的，一起经营事业是一种合作，一起经营家庭也是一种合作。但是这两种合作有很大的不同，公司是以利益为导向，是讲利益、目标以及规则的地方，而家庭则是讲感情、理解和包容的地方。一个是谈钱、重利，一个是谈爱、重情；一个要拥抱理性，冷静客观，甚至不留情面，一个要拥抱感性，幸福至上，强调家和万事兴。

处理不好其中的关系，势必会导致角色的错位，既影响赚钱，又影响家庭的和睦。

想保持合作中的界限感，你需要采取一些方法。

**方法一**    **彼此真诚，表达真实需求**

基于彼此真实需要建立的合作关系才是稳定的。心理疗愈师梅洛迪·贝蒂认为，边界是关系中的限制、底线，"边界不是获得的，它来自内心深处，当我们诚实地表达自己的想法时，边界就产生了"。

很多时候，在合作中，双方会碍于情面而回避谈论自己的真实需要，比如回避谈钱，这就为今后的发展埋下了隐患。

案例中的这位学员，她对在丈夫公司无薪水的工作是不满意的。另外，他们之所以有这么多矛盾，是因为她的真实需求是脱离丈夫自己独立决策，可以为自己做主，充分实现个人价值，获得成就感。

所以，在合作中，我们一定要在真诚和平等的原则下，表达彼此的诉求。

## 方法二　尊重自己的情绪和感受

在任何合作关系中，管好自己才是第一位。

在一段关系中，当我们的底线一再被侵犯时，我们便会积攒很多委屈，甚至愤怒。

对我们自己来说，要先学会尊重自己的价值，包括尊严、时间和精力。

事实上，如果你不重视自己的需求，那么别人可能更不会考虑你的需求。而直接表达出自己的需求，获得积极回应的可能性就会大大增加。

就像《非暴力沟通》一书中提到的，长期以来女性的形象和自我牺牲联系在一起，一个人一旦把照顾他人当作最高职责，就会倾向于忽视个人需求。

第一章提到了一位学员，她在合作中总是过度付出，经常不好意思争取自己的利益。根本原因就是她没能尊重自己的感受，没能把自己放在第一位。

当谈到合作中的界限感时，我们强调把"管好自己"放在第一位，这并不是自私，让你只顾自己，而是对自己的情绪和行为负责，而且只有把自己调整到最佳状态，你才能在合作中更好地发挥作用。

**方法三** 面对冲突，主动表明自己的立场与底线

任何一段关系中都可能存在依赖、冲突、对立等多种形式。我们不必回避合作中的冲突，因为矛盾和冲突是建立合作的必经之路，也是调节合作关系、调整界限感的有效方式。

我们无法要求别人了解自己的情绪和需求，而是要主动表明自己的立场和底线。在与人建立合作关系的过程中，这是非常快速的办法，也是对合作伙伴的尊重，使他们更快地了解你的处事风格。

**方法四** 把责任清晰化，做到"课题分离"

《被讨厌的勇气》一书中说，一切人际关系矛盾都起因于对别人的课题妄加干涉或者自己的课题被别人横加干涉。只要能够进行课题分离，人际关系就会发生巨大的改变。

在人际关系里，我们需要分清哪些是自己的情绪和责任，哪些是

别人的。第二章已经提到，人只能为自己负责。像本案例中的这位学员，无论选择留在丈夫的公司里维持现状，还是自己独立创业，她都要自己承担后果。既然哪个选择都有风险，那就一定要选自己愿意为之付出代价的选项。

合作中没有人会不计回报，如果一个人真的不计回报地付出，那是因为他之前在这样不计回报的付出中得到了自己想要的部分。所以在合作中，责任和收益必然成正比。

如何衡量一段好的合作关系？就是看彼此的感情和财富能否呈现不断增长的趋势。而衡量一个人是不是好的合作伙伴，就看他是否有适当的界限感。

# 4.4

# 如何拓展自己的社交网络

被誉为"人际关系大师"的基思·法拉奇出生于一个贫穷的小镇，他的家里并不富裕。童年时期，他曾在乡村高尔夫俱乐部做球童，出入俱乐部的都是一些成功人士。

他观察了这些成功人士，发现他们身上的一大亮点是"互惠"，他们花时间和精力帮别人找工作，帮别人发现商机，同时他们自己的孩子也在别人的帮助下获得了优质的工作机会。所以，他亲眼见证了成功人士强大的力量，这种力量多半来自他们的社交圈。这一发现，让他意识到关系的力量。

在接受财富咨询的过程中，我经常遇到长期以技术和技能为主的人，他们总是遇到类似的问题。比如，在公司的基础岗位辛辛苦

第四章
合 作

苦地工作，一直得不到升迁机会；跳槽成为另一家公司的中层领导，但这个岗位就已经是天花板了，向上发展无望；当负责新项目或者独立创业时，经常为资源受限而一筹莫展……

发展人际关系技能是职业发展中非常重要的能力。越是向上发展，这种能力就越显得重要。对普通人来说，向上升迁意味着获得更多的资源和机会。我认为，只要有心，任何人都可以建立自己的人际脉络和圈层。

不过，在接受创业咨询以及带领财富训练营的过程中，我发现很多人都不知道应该如何与人建立关系，如何连接更优质的人际关系资源。

## 财富卡点 27 社交资源固化。

我们先谈谈如何与比自己优秀的人建立关系。

## 方法一　要大胆主动，不要怕被拒绝

很多人害怕被拒绝，所以不敢主动和更优秀的人建立关系。大多数人的现实情况是，随着年龄的增长，他们的人际圈子越发固定，很难获得新信息、新视角，以及新机会。

成功人士的优势是他们总是盯着机会，因此勇往直前；而普通人则往往盯着困难，因此瞻前顾后。

我们需要主动更新自己的人际圈子，建立新的关系。

## 方法二　通过立体社交网络拓展人际关系

现在很多行业都有线上、线下的课程，或者行业的论坛、会议、活动，行业人士发起的联盟、协会等，有很多优秀的人都会参与。你要积极参与，主动接近他们，才能有结识的机会。

现在的社交是立体社交，我们可以从互联网上找到一切资源。比如，"幸知在线"有大量的创富认知课程和婚姻家庭幸福课程，学员来自全国各地的不同领域，大家很容易找到志同道合的合作伙伴。

我在清华大学经济管理学院读 EMBA、写论文的时候，有一个非常明显的感受。我用图书馆的电脑可以看到所有 EMBA 与我研究领域相似的论文，我看到感兴趣的，并且想跟这个作者交流时，就会搜索他和他公司的信息，甚至可以找到这个人在社交平台的账号，给他发一条私信，然后建立起联系。

人和人之间的壁垒在互联网时代是很少的，如果你想要的结识没有达成，问题可能出在你与想联系的人没有在同一个场域或圈子里。

**方法三　关系需要长期维护**

任何关系都是需要经营的，合作的信任是长期建立起来的。人与人之间的连接需要长期往来互动，逐步建立起信任关系，双方持续提供并分享价值，关系才能朝正向发展，更加紧密。

我们在建立关系时，不要总是在自己有需要时才去联系，应该做好长期储备和适当维护。此外也不要指望能够立即从新结识的人那里获得回报。在寻求帮助之前，最好先提供价值；给予比索取更为重要。

总的来说，要站在更长的时间线上去建立和维护关系，才可能获得产生合作的关系。

**方法四　提升自己的价值，明白我能给对方提供什么**

首先，在你结识别人时，不妨先讲讲自己有什么资源。

在陌生的环境中，你想要开展合作，想让财富或者机会来到身边，就一定要学会先讲自己的资源和优势，但是不要去讲自己有多了不起，有多少头衔，而是讲"我能为你做什么"。

基思·法拉奇强调一个观点，很多人是基于寻求帮助而与优秀的人建立联系的，其实想要获得更深入的关系，恰恰应该先去给予和帮助别人。真正的社交是使别人更成功，是让给予多于索取。

基思·法拉奇在做球童时，在每场比赛当天的早上，他都会走遍整座球场，找到每一处果岭，测试球在草地上滚动的速度和方向。有一位客人在他的帮助下，战无不胜。这位客人逢人便夸这个球童，法拉奇很快就拿到了俱乐部"年度球童"的称号。后来，这位客人还为法拉奇引荐了俱乐部里所有可能为他提供帮助的人。

没有人会无缘无故地为你提供帮助，人际关系建立在互相提供价值的基础上，因此你要时刻清楚自己最有价值的点在哪里。互利共赢才是彼此交往与合作的目的，你的价值越大，获得的资源才会越多。

很多人会说，我就是一个普通人，哪有什么资源？

没有谁是一无所有的，我们要把焦点放在自己已经拥有的事物上，放大优势，要从资源的视角去看待彼此。

有一个故事说，一个富翁为了让儿子明白出生在富裕之家是多么幸运，就带他去乡下体验了几天穷人的生活。回去之后，父亲想趁机教育儿子，就启发他说："你现在体会到人能有多穷了吧？"

儿子说："嗯，我现在才了解到，原来我们真的很穷。"父亲非常惊讶，因为他从来没有这样想过。

儿子接着说："我们只有一只狗，而他们有四只；我们有游泳池，他们却有一条没有尽头的小溪；我们晚上只有灯光，他们却有满天的星星；我们门前只有一小块地，他们却有望不到边的田野；我们的食物都是买的，他们却能自己种……"

富翁和儿子看待生活的角度完全不同，因此，他们心目中富有和贫穷的标准也不同。一个人拥有多少东西，有什么样的价值，取决于他是如何看待自己的。

所以，一个人从资源视角去看待自己和他人，清楚彼此的价值和优势，就很容易找到合作的基础。

总之，与优秀的人同行，是为自己变优秀提供支持和动力，而让自己变得优秀，是打造自己吸引优秀人际关系资源的能力。我们终究会在不断的连接与合作中，得到成长，收获财富。

# 第五章  未来

# 5.1

## 盘点你的人生资产

你是否认真盘点过自己究竟拥有多少人生资产？

这是你实现财务自由的第一步。

我发现，大多数人并不清楚自己拥有多少资产与负债，甚至对资产和负债的概念都很模糊。

那么，我们先来了解一下资产和负债的概念。

资产是指"哪怕你什么事都不做，也可以让你坐在家里赚钱的东西"；而所谓的负债，是指"只能让你花钱，却不能带来任何收益的东西"。

什么是典型的资产呢？比如你写了一本书，如果这本书很畅销，那么它可以在未来的很多年里不断地为你带来版税收入。那这本书就是让你躺在家里也可以赚钱的东西，它就是你的资产。

那固定资产，比如房子，一定是资产吗？不一定。比如，你买房子是为了自己住，那么首付、后续的贷款、装修等都会花不少钱。就算房子会升值，但如果你并不打算将其卖掉，它就没有任何实质性的收益，所以这对你来说还是负债居多。相反，如果你把房子卖出去或者租出去，房子升值了，或者有租金可以收取，那么房子就变成了资产。

很多时候资产和负债是可以相互转换的。比如，学习可以是一种资产，它提升了你的能力，让你赚到更多钱。但是如果你只买了课程，并没有学或没有将学到的内容付诸实践，那学习就变成了负债。

比如汽车，它能给你带来出行便利，但汽车的油费、维修费、停车费等，也会源源不断地让你花钱。女生常常会忍不住购物，享受这种物质丰富带来的满足感，但这些都是负债。

再问你一个问题，借钱就是负债吗？

答案也是不一定，比如有的学员会借钱听课，通过学习来解决自己的问题，提升技能，或者通过学习提升经营亲密关系和人际关系的能力。这样他的心灵资产不仅增加了，将来他还可以用学到的技能为别人服务，从而多一份收入。

除了现实中的财富，心灵财富也很重要。比如，家庭可以成为资产，也可以成为负债。老话说"家和万事兴"，如果你家庭和睦，彼此尊重，共同努力，那就实现了"1+1>2"，这样的婚姻对你来说，就是资产。如果夫妻俩天天吵架，让彼此身心疲惫，那么婚姻就变成了负债。

健康的身体也是一种资产，是我们的本钱。生病的时候，我们不但要承受身体上的痛苦，还要花费大量的金钱，所以，健康是我们的本钱。

除此之外，良好的人际关系、知心的朋友、修养身心的兴趣爱好都可以是资产，因为我们会通过这些得到滋养和提升。

从心灵的角度来说，资产是让我们感觉愉悦和得到滋养的部分，负债则是让我们感觉备受煎熬、痛苦的部分。

在明确资产和负债的概念之后，我们需要定期做一份资产负债表。你可以先做个表格，梳理家庭的资产与负债情况。资产包括：现金、银行账户存款，各类理财账户，比如股票、基金，投资的房产，等等。负债包括：贷款，比如房贷、车贷；外债，比如欠亲朋好友的钱，等等。

统计的目的是梳理和规划，家庭资产负债表能让家庭在某个阶段的资产和负债情况变得清晰，并且使我们明白一些事。

首先，我的家庭资产规模如何？哪些在为资产升值做贡献？哪些资产闲置着，没有产生实际价值？目前的理财情况和风险承受能力是否匹配？有没有哪些是需要调整的？

其次，家庭的资产结构是怎样的？是否存在资产单一的问题？比如很多家庭的房产在资产中的比重过高，因房贷而产生的负债过高，资产贬值和债务风险发生的概率就会相对增大。

列家庭资产负债表的目的是帮助我们调整家庭资产结构，优化负债比例。

大家更关心的肯定是如何增加资产。

## 方法一　让资产结构更合理

一些统计数据表明，我国家庭的储蓄比例相对来说较高，金融资产的比例则相对较低。这受到很多因素的影响。回想我自己的情况，在越接近财务自由的时候，我越敢于承担一些相对高风险的理财产品。就像前文提到的，风险与收益一般成正比。我们要结合自身情况来配置资产，从单一的用时间赚钱发展到用钱来赚钱。

在介绍具体的理财建议之前，我要先跟大家说清楚，所有理财方案的前提，一定是先做好风险防范，在没有搭建好这条护城河之前，几乎所有理财方案都是无效的。

海伦·凯勒曾说，"真正的盲人并不是双目失明的人，而是那些没有远见的人"。

在我的财富课上，有一位四十多岁的学员，她有房贷和孩子教育支出的压力，同时还要负担父母的养老责任，她的丈夫还失去了稳定的工作。不过幸运的是，她提前预估了风险，并且购买了储蓄型保险，丈夫虽然失去了稳定的工作，但也很快找到了兼职。他们都属于谨慎而又提前规划、精打细算的人。

她的卡点在于"让财富获得突破性进展"。但是在此之前，请学会搭建个人和家庭的生活护城河，预估花销，应对风险。

任何不做风险防控的理财方案，都是在"耍流氓"。做好风险防范之后，我们就要对家庭资产结构进行具体的设计。

古巴比伦人有一则非常实用的理财建议，就是每个月至少存下收入的 10%。每个月存收入的 10%，不会立刻影响你的生活质量。如果雷打不动地坚持下去，你会拥有一笔不小的储蓄，由此开始积累财富。你也可以用"5-4-1 法则"，除了必要的日常开销，把剩余的收入分成 10 份，其中 5 份用来投资，4 份用于储蓄，1 份当作奖励自己的零花钱。

当然，对亲密关系、人际关系、健康"储蓄"的维护也是很重要的，日积月累，它们也会成为你人生的重要资产。

## 方法二　奉行长期主义

有一个有意思的现象，如果穷人突然获得一笔财富，他们往往很快会把这些钱挥霍掉，比如人们常说的暴发户，乍富之下，这类人常常毫无规划地投资和消费。人在驾驭不了财富的时候，钱就会离他们而去。

找我进行创业咨询的人中，也有一些人总是想赚快钱，当下什么项目赚钱他们就想干什么，然后不停地换。到头来，几乎什么都做不成。急于求成、追求短期利益的人，似乎并不愿意相信绝大多数人的创富都不可能是速成的。

很多众人皆知的投资高手也都奉行长期主义，比如巴菲特能持续数十年持有一些股票。长期主义是价值投资领域非常重要的一个原则。某经济学家说，坚持长期主义，可以对冲世界的不确定性。

长期主义者是让时间成为自己的朋友，他们不会在意短期收益，他们的回报一般是前期缓慢前进，经过持续积累，后期迅猛增长的。所谓流水不争先，争的是滔滔不绝。

长期主义不仅适用于投资领域，也适用于人生。我们应正确应对短期诱惑，学会规划未来，从更长远的未来结果决定当前的行为。长期主义者会持续积累核心竞争力，在正确的道路上不断前进。所以，长期主义不是坚持等待就可以了。

我们人生的资产越多，负债越少，生活就会越自由和幸福；内心的爱越多，痛苦越少，生活就会越自在。

所以，我们可以定期盘点一下自己的资产和负债，增加获取资产的能力，这样一定可以收获财务自由、幸福感和爱。

## 5.2

# 从收支表看财富升级的关键

在和学员的互动中，我发现有不少人对自己的现金流向并不是十分清楚，他们经常凭感觉告诉我日常消费最多的都是哪些项目，这跟实际收支表是有差异的。

我除了每年都会做家庭资产盘点，还会定期记账、盘点收支情况。我认为每个人都应该掌握自己的收支表，掌握自己每一笔钱的流向。相比于上一节内容中提到的资产负债表，收支表每天都在变化。

当下有很多记账的软件都很好用，而且移动支付如此方便，记账的难度大大降低了，很多软件都可以自动统计消费分类。

做一个表格，在收入项里列出工资收入、财产性固定收入（如租金、理财收入等）、其他临时收入（如兼职等）。在支出项里列出日常消费、固定支出（如孩子学费、家人保险、旅游经费等）、一次性大额支出（如装修、买车等）。

我每月都会做收支统计，每个季度、每年都会做调整和规划，估算新一季度、新一年的收入和支出。

那么，收支表会告诉我们哪些信息呢？

从收入部分来说，收入来源是怎样的，是否多样化。如果收入来源单一，全靠工资收入，那么一旦失业，你就没有了收入来源。如果同时拥有兼职收入或者房屋租金收入、理财收入等，那么多种收入项便可以帮你分摊风险。

大部分收入是否持续稳定，决定了你每月流入的资金是否稳定、收入的增长性如何。比如，如果近两年收入都没有提升，你就要想想是出于什么原因，你是否要调整你的规划。

在收入这个部分，我们还可以深入思考一个问题：在这个阶段我是靠什么赚钱的？这决定了你在赚钱的第几层境界。

赚钱有四层境界。

第一层是靠劳动时间赚钱，或者说是靠劳力赚钱，可替代性比较强。

第二层是靠技能赚钱，技能是门槛，技能水平越高，赚钱越多。

第三层是靠资源赚钱，比如创建了公司，你可以管理他人的时间和技能来为自己赚钱。

第四层是用钱赚钱，投资、理财就属于这一类。

赚钱模式一步步升级，也是实现阶层跨越的步骤。不管处于哪一层，持续向前迈进才是最重要的。

大多数普通人可能在第一层和第二层，他们正处于不断开源的阶段，正逐步实现收入来源的多样化。比如，很多职场人处于第二层，那么他们就需要精进技能，达到人无我有、人有我精的境界，具备不可替代性，最终进入更核心的部门，积累资金、人际关系资源等。

对于支出部分，你要分析一下自己把钱花在哪儿了。

首先，你要明确当前支出和你当前的生活目标是否一致。也就是说，钱是否花在你想花的地方了。比如，最近两年我很重视身体健康，那么我可以看看在日常支出中，健康饮食以及健身锻炼等方面有多少投入。

其次，明确所有消费是否都是物质消费，看看有哪些是用来促进自我成长、提升赚钱技能的。从我的个人体验来说，最近几年，我在不同形式的学习中投入了上百万元，的确很忙碌，也很辛苦，但是这些投资是特别值得的。

此外，我还有一个习惯，即对于"关系"是要有所投入的。其中一部分，我和大家一样，用在了亲人和朋友身上；还有一部分，我用于维护工作和合作中产生的关系，这也是前文提到的人际关系资源的维系。

**从花钱方面最能看出一个人是否有财富升级的可能。**关于花钱，我们要注意哪些方面呢？

**要点一　先规划再消费**

大家可以参考上文提到的"5-4-1"法则，其核心是先规划再消费，每个月发了工资之后进行规划，将工资分成几份，先把储蓄的钱固定存起来，剩下的再按照规划花销或者选取部分做高风险投资。

**要点二　消费前进行自我提问**

想要减少不必要的消费，更明智地花钱，你只须在花钱买下某样东西之前，先问自己几个问题：这件东西我真的需要吗？我喜欢吗？是真的喜欢，还是因为别人都有，我也想有？这件东西真的适合我吗？买它是否符合我的消费能力，适合我现阶段的实际情况？

每次消费前，你都可以通过自我提问来判断自己是不是在进行有价值的消费。

要点三　学会延迟满足

我们生活在一个追求速度的时代，人们被"即时"喂养，特别看重立刻得到满足，得到回报。人生中很多烦恼都是因为没有延迟满足感。

我们可以把每次享乐当成对自己某个阶段完成目标的奖励，也就是延迟满足。为了完成目标，克服惰性，我们一定要在达成阶段目标后给自己充分的激励性奖励。所以，当你非常渴望去获得什么时，可以告诉自己，我要完成七天的小目标，再给自己这份奖励。

能实现花得越多赚得越多的事是什么？是投资自己。最划算的投资就是投资自己。是否舍得为自我成长投资，是拉开人与人差距的关键。除了为自己的外在投资，我们更要舍得为内在投资。

我发现有一个现象，财富训练营的学员几乎没有处于赚钱第一层级的人。越是收入偏低，需要系统性学习的人，越可能吝啬于花钱去购买课程，舍不得交学费去接受继续教育。贫穷让他们只能顾及当下短期的利益。而他们已有的知识、信息也无法改变固有的认知，很难实现财富的升级。这是一个恶性循环。

因此，每年在支出规划里，我们要有一部分专门用来投资自我成长，不管是继续教育，还是购买课程、培训等。此外，还要舍得花钱经营深度关系，积累人际关系资源。

总之，赚钱有赚钱的方法，花钱有花钱的门道，掌握了这一进一出的秘诀，我们才算了解了财富升级的关键。

# 财商培养：引领孩子走向财富之路

你有没有看到过这类触目惊心的新闻？

> 9 岁孩子将瘫痪父亲看病的十几万元打赏给主播，想要回来难上加难。
>
> 12 岁男孩玩手游，充值花掉父亲 3800 余元医疗费。
>
> 10 岁男童打赏主播 6000 元，不知充值是在花钱。
>
> ……

父母或者家族再有钱，也经不住家里有个"熊孩子"。很多人把这种现象归结为"孩子还小，不懂事"，完全没有意识到这其实是孩子的财商出了问题。

在家族未来的财富规划中，请重点关注孩子的财商培养。

我的财富课上有一个女学员，她儿子 6 岁了，还对金钱毫无概念。有一回，学员让他拿 100 元去便利店买薯片，付钱后他拿着薯片就走，连找零钱都不知道。问他钱是从哪儿来的，他回答"银行给的"，让母亲哭笑不得。可见从小培养孩子的金钱观念是非常重要的。

培养孩子的金钱观，一定要先学习皮亚杰的认知发展理论。这一理论为我们理解孩子的思维方式和认知过程提供了重要的框架。他提出了儿童认知发展的四个阶段：感觉运动期、前运算期、具体运算期和形式运算期。这些阶段描述了孩子从婴儿期到青少年期认知能力的发展和变化。

在培养孩子金钱观的过程中，我们需要根据孩子所处的认知阶段与特点，来制定适合的教育策略。例如，在感觉运动期，孩子主要通过感官和动作来探索世界，因此可以通过让孩子接触真实的货币，让他们感受钱的价值和用途。

在前运算期，孩子开始理解基本的数学概念，如计数和简单的加减法，这时可以教他们如何存钱和花钱。

到了具体运算期，孩子的思维更加成熟，可以理解更复杂的金融概念，如利率、储蓄和投资，这时可以引导他们学习如何理财和规划未来。

皮亚杰的认知发展理论为我们提供了一种科学的视角，告诉我们在某个阶段如何更好地培养孩子的金钱观，从而帮助他们更好地适应未来的生活。

很多家长觉得跟孩子过早谈钱不好，会导致孩子变得特别物质和世俗。这种观念并不全对。孩子的金钱观需要从小就培养，正确的金钱观不仅不会让孩子世俗化，还会让孩子从小就学会怎样正确地对待和运用金钱。

对于培养孩子财商的关键，包括以下四个方面。

## （1）认识金钱

首先，孩子需要正确认识金钱，其中包括理解金钱的价值、怎么通过劳动获得金钱、金钱的重要性，等等。比如教育孩子"钱是劳动的结果"，绝不是"银行给的"，不应该期待不劳而获。

孩子最初对钱是没有什么概念的，他们不知道 100 元是什么，也不知道这 100 元可以拿来做什么，家长可以通过一些孩子熟悉的东西来类比。比如告诉孩子，10 元可以买到一包他们喜欢吃的饼干，100 元可以买到他们喜欢的玩具汽车。

对长大一些后，已经有了一点劳动能力的孩子，家长可以让他们通过劳动获得金钱。比如，孩子洗碗、倒垃圾可以折合多少钱，让孩子更具体地理解劳动与金钱之间的关系。

有一次，我的财富课学员跟我反馈说："幸知老师，我是真的没想到，听了你的课之后，我的孩子竟然开始跟我谈判了，说他同学洗碗的话父母每次给他 10 元。我的孩子要求我给他的'洗碗劳务费'涨价，不然他就去同学家里洗碗。小小年纪竟然开始跟我谈判了，这真是让我喜出望外。"

是的，父母永远不要低估孩子的成熟度，尤其不要只把他们当作幼稚的小孩。

## ② › 储蓄消费和投资理财

除了认识钱、理解钱，我们还要教孩子学习怎样管理自己的钱。比如制定简单的预算或者鼓励他们为想买的东西存钱，这不仅能帮助他们学会规划和节约，也能让他们体会到达成目标的满足感。

根据皮亚杰的认知发展理论，儿童的认知结构会随着年龄的增长而发展。因此，财商教育应该与孩子的认知发展阶段相匹配，家长应逐步引导孩子建立正确的金钱观念。

7 ~ 11 岁的孩子已经很好地掌握了计算，因此家长可以带着孩子做消费预算了。这个生活技能非常重要，通过消费预算，孩子能更好地掌控自己的财务状况，养成良好的消费习惯。

家长可以带着孩子一起制订消费预算计划，让孩子了解每个月可以支配的零花钱是多少，以及需要如何分配这些钱。家长可以让孩子自己列出需要购买的物品或服务，然后让他们计算需要多少钱，以及是否在自己的预算范围内。

在这个过程中，家长还可以教孩子如何比较不同产品的价格和质量，怎样做出明智的购物决策。比如，在买玩具的时候，家长可以教孩子比较不同玩具的价格和功能，选择性价比更高的玩具。

家长可以鼓励孩子学习如何储蓄和理财，设立一个小储蓄罐，让孩子把一部分零花钱存起来，或者通过手机 App 专门给孩子建立一个收支系统，家长每个月跟孩子一起分析他的花销与收入。通过消费预算教育，孩子不仅可以学会如何管理自己的财务，还可以培养理财意识和责任感。

## ③ › 使用游戏模拟

游戏是孩子童年期的主要活动，家长可以通过游戏来教孩子进行预算管理。

2 ~ 7 岁的孩子处于前运算阶段，他们可以使用语言和其他符号来代表现实世界中的事物。在这个阶段，家长可以让孩子扮演买家和卖家，通过角色扮演来理解金钱的价值。

7 岁以上的孩子进入具体运算阶段，家长可以让他们玩一些有明确规则的游戏，比如模拟市场游戏，让孩子在乐趣中学习，不仅可以教会他们如何遵守规则，还能帮助他们深入理解金钱的价值和重要性，增强对金钱的认识和管理能力。

## ④ › 财商教育误区

需要注意的是，财商教育并不仅仅是理财教育，还包括了认识金钱、创造金钱和管理金钱的能力。父母应该避免仅仅将财商教育等同于投资理财意识的培养。正确的财商教育对孩子的成长至关重要。以下是一些常见的财商教育误区。

（1）将财商教育等同于理财教育。许多人认为财商教育仅仅是教孩子如何理财和投资。其实财商教育的范围更广，它不仅包括理财知识，还包括如何赚钱、如何花钱、如何为金钱设定目标和优先级，以及如何做出财务决策。

（2）忽视价值观和责任感的培养。财商教育不应该只关注金钱和财富的积累。更重要的是，要教育孩子理解金钱的价值，并培养他们对金钱的责任感，包括懂得分享、慈善以及理解金钱对个人和社会的影响。

（3）过早地介绍复杂的财务概念。孩子的认知发展阶段是财商教育内容的依据。过早向孩子介绍复杂的财务概念可能会让他们感到困惑，家长应该根据孩子的年龄和理解能力逐步介绍财务知识。

（4）单一的教育方法。每个孩子都是独一无二的，财商教育也需要个性化。家长应该根据孩子的兴趣和特点来选择教育方法，而不能采用单一的教育模式。

总之，我们这一代父母是财富意识觉醒的一代，财富教育不仅要从父母抓起，更要从娃娃抓起，所以请从此刻开始，积极关注孩子的财商教育。

# 5.4

## 成就自我，女性财富自由的必经之路

二十多年前，我是一个极其普通的女孩。17 岁，我参加了人生中第一次高考，随后高考失利，我选择复读。

十几年前，我是一个普通的上班族，我怕工作到 30 岁就遇到天花板，担心自己在北京漂泊无依。对未来不确定性的恐惧，又或许是对归属感的需求，使得我在河北买了一间小房子。这是 27 岁的我给人生预留的唯一退路，也是我为了满足自己可怜的安全感所做的工作。

同样是十几年前，我和相恋多年的男朋友分手，他的新女友给我打电话、发邮件向我示威。我想，这样的男人不要也罢。那时候我妈说，你要想好了，这也许是你最好的选择。

我说:"我最好的青春才刚刚开始。"

这段经历恰恰让我更加清楚,要找什么样的人共度余生。于是,我迅速确定了三个标准——踏实、有共同的价值观、有上进心,其他方面都是次要的。当然,前提是两个人要相爱。

2011年,我结婚了。结婚的时候,我们二人的银行卡里只有3万元。我们没有拍婚纱照,因为婚纱照一套就要上万元,我觉得浪费钱。所以,我们当时唯一正式的合影是花了25元在照相馆拍的结婚证件照。

当时手上的3万元,丈夫让我拿去读书。于是我就去中国人民大学报名读了研究生,花了2万元。那年我28岁。似乎没有过于担忧自己会陷入穷困,我觉得自己可以赚钱。

29岁,我参与创立了新媒体公关公司,年入30万元。31岁,我离职创业,从自媒体"潘幸知"开始,从0到1做成"幸知在线"女性心理成长平台,公司年入数千万元,同时我投资了数百万元去学习。

37 岁,我再次创业,在广州创立"幸知商学",致力于让每一个不认命的女性,完成人生幸福与财富认知的观念升级,建构全新的生命价值观。

40 岁,我开始进入人生的全新阶段,投资 IP、赋能 IP,帮助更多人价值最大化,实现心灵自由和财富增长。

这是我人生高速成长的十年,我并没有因为婚姻停滞成长的脚步,我也感谢自己所选择的婚姻,我的选择能够得到丈夫的全力支持。我把这十年花费数百万元在课堂上的所学,以及走遍世界的阅历,变成了我的经验及课程。

在"幸知商学"系列财富课程的互动中,我深刻地感受到,女性在通往财富自由道路上的卡点是存在共性的。女性容易受限于自身对稳定安全的需求,这让她们常常乐于求稳,缺少勇气,不敢冒险,甚至影响到她们的人生决策。

有一年，我去山西长治讲课，有位女学员说，她现在有一份很稳定的工作，但是薪水很低，一个月只有 3000 多元。她对高薪水的新机会很动心，但又放不下稳定带来的安全感。她问我应该怎么办。

高收益总是伴随着高风险，稳定安逸与丰厚的薪资是无法同时得到的。

我说，你计算一下，你今年 35 岁，假设你可以再活 70 年，按照现有的收入折现，大概是 200 多万元。不考虑通货膨胀等因素，把你从当前看重的稳定里"赎"出来的，其实只是 200 多万元。

从现实环境来说，女性在同等条件下获得的薪酬常常低于男性。桑德伯格曾在一次活动中讲到一个真实案例，一位女性被标准石油公司雇用，当她入职时，老板对她说："我很高兴雇了你，因为我花更少的钱得到了一个聪明的好员工。"

同时，女性在生育和养育孩子方面的投入，也让她们在职场发展中处于劣势。对自我成长的追求，常常与家庭中妻子、母亲的角色相冲突。这让女性的职业黄金期非常短暂。

对此，我想分享自己在不同成长阶段，都非常受用的四个财富锦囊。

## 财富锦囊 **1** 抗挫折力

我的高考是一波三折的，直到很多年之后午夜梦回，我都常常会被高考失利的残酷画面惊醒。但不断被打击的我，越挫越勇。成绩普通并不等于终生平庸，人可以在任何时候拥有重新开始的勇气。

很多女性很难跨越改变的第一步，因为担心失败。

我想说，从来没有什么绝对的失败。经历了失败的你、和没有任何行动时的起点一定是不同的。只要你带着失败的经验教训，完成认知迭代，不会两次踏入同一条河流，那么你就胜利了。

每一段让我们敬佩的人生，都是在不断的失意和失败中爬起来走向成功的。马斯克的母亲梅耶，婚后面对的是态度粗暴的丈夫带给她的一段煎熬的婚姻。在艰难地获得自由后，她需要一人打多份工去养育孩子。让人敬佩的是，她把每一个子女都送进了名牌大学，而且儿女们都在自己的领域获得了成就。而梅耶自己，在60岁时仍然凭借出众的气质回归模特之路。她从没放弃学习，离婚后，她还获取了两个硕士学位。

正如马斯克所说的："我的母亲才是我的英雄，我的成功多半源于我母亲的培养和她特立独行的品性。"作为一名女性，她可以一次次在逆境中翻身，是因为她有独立的觉悟和勇气。

## 财富锦囊 2 IP 力

我很早就意识到，一个人要想在激烈的社会竞争中生存下来，就得绞尽脑汁地发挥自己最擅长之处，把别人所没有的优势发挥到极致。你至少要打磨一项不可替代的核心技能，最终让这个核心技能成为你的标签，甚至发展为你的个人品牌。

以我为例。17 岁，我因为在生活中找不到足够的出口，开始在榕树下全球中文原创作品网上写文章并兼职做编辑。我通过网络认识了来自天南地北的不同年龄的朋友，我上传的内容被大家肯定，同时也获得了爱与尊重。这个经历成为我成长路径的起点，也是我日后入职搜狐公司做编辑职业的敲门砖。我后来创办的自媒体"潘幸知"是在做内容输出。幸运的是，在自媒体飞速发展的时代，我有机会把核心技能用好，并借势发展出个人 IP。

2021 年，我们用过去积累的经验，举办了几期情感主播孵化营，帮助那些有核心能力的女性，在自媒体时代找到自己的个性标签，建立个人品牌，发展新事业。

现在，你也不妨想想，你的天赋是什么？你最擅长的是什么？你的个性化标签又是什么？找出你最擅长的领域，然后持之以恒，把事情做好。

如何了解自己的天赋使命和优势特长？在这里，我给大家推荐一个好用的国际通用测评工具——DISC 个性测验，这是我在情感心理咨询和公司员工管理中，最常使用的优势特点挖掘工具。

我们每个人都有独特的性格组合，有如支配型（D，老虎）、影响型（I，孔雀）、稳健型（S，考拉）和服从型（C，猫头鹰）四个维度（见图 5-1），DISC 测评工具可以帮助人们认识到自己的优势能力，以上性格特质也可以被转化为商业环境中的优势。

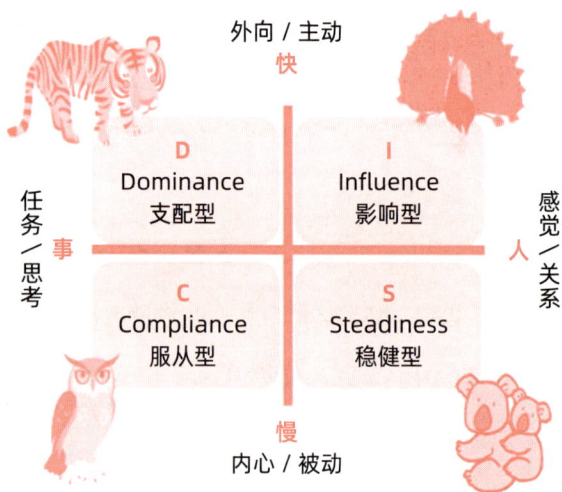

图 5-1　DISC 测评工具

例如，具有支配型（D型）的人，通常在需要果断决策和领导力的环境中表现出色。他们经常是企业的开创者，一位D型的企业家能在紧急情况下迅速做出决策，带领公司克服困难。如苹果公司的创始人和前任首席执行官（CEO）史蒂夫·乔布斯，他以其果断和革新精神，引领苹果公司走向巨大的成功。

乔布斯的一生充满了传奇色彩，他在技术和设计领域所取得的成就改变了整个世界。乔布斯的创新思维和对产品设计的热爱使得苹果公司能够推出一系列具有里程碑意义的产品，如iPod、iPhone和iPad等。

乔布斯的领导风格也备受赞誉，他注重细节、追求卓越，并始终坚信只有不断创新才能保持竞争优势。他的果断决策和卓越领导才能，使得苹果公司成为全球最具影响力和最成功的科技公司之一。

影响型（I型）的人更擅长沟通和影响他人，这在营销和销售行业中尤为重要。例如，一位I型的销售经理可能会用其出色的人际交往能力和说服技巧，成功地将产品介绍给客户。

如电视主持人奥普拉·温弗瑞，她的影响力和沟通能力让她在媒体界独树一帜。作为一位经验丰富的主持人，她不仅擅长采访各种人物，还能用她独特的方式与观众建立联系。她的节目涵盖了各种主题，从社会问题到个人经历，所有访谈都展现了她深厚的专业知识和敏锐的洞察力。奥普拉·温弗瑞的才华和热情使她成为电视界的传奇人物，她的影响力远远超出了她的节目本身，成了全球性的一个文化符号。

稳健型（S型）的人具备稳健、可靠和富有同情心等特质，在团队环境中发挥着不可或缺的作用。他们如同稳固的锚，为团队提供支持和稳定性，确保在压力和挑战面前，团队能够保持冷静和有序。在快节奏、高压的环境中，如繁忙的医院中，S型人特别能够发挥优势。

以护士为例，S型的护士通常具备出色的组织能力和人际交往技巧，他们不仅能够高效地完成日常护理工作，还能在紧急情况下保持冷静，为患者提供及时、专业的护理。

服从型(C型)的人则通常在需要精确和有组织的任务中表现出色，如会计或数据分析。一位C型的会计会在财务报告中展现极高的准确性，以确保公司遵守所有财务法规。

如罗伯特·安东尼，他以其对细节的关注和组织能力在会计行业赢得了声誉。他的工作风格为非常注重精确性和细节，这使得他在处理复杂的会计问题时总能提供准确无误的解决方案。此外，他还非常擅长组织和规划工作，确保所有的任务都能按照计划顺利进行。这些优秀的品质使得他成为会计行业中的佼佼者，并赢得了同行和客户的信任和尊重。

这个测评的适用性和准确度都很高，也是我用了很多年的工具，如果你想知道自己是老虎、孔雀，还是考拉、猫头鹰，不妨试一试。

我们总被教育说"是金子总会发光的"，以前我会质疑：金子如果埋在土里或者沉在海里，人们又该如何看到它的璀璨光芒呢？后来，在商业实践中，我逐渐发现，只要你找准了自己的天赋优势，不断加以打磨，那么无论在哪个商业赛道上，你都终将有所收获。

每个人拥抱财富的路径都是独一无二的，关键在于自我认知和时机的把握。通过 DISC 测评，你可以了解自己的性格优势，结合个人的经历和时代的商业趋势，可以更好地定位自己的天赋，并在适当的时机发挥出来，实现个人价值和商业成功的双重胜利。

精准发现并利用自己的天赋优势，并将之应用于时代的发展趋势里，你会获得意想不到的成就。

## 财富锦囊 **3** 决策力

公司发展常讲战略与战术，个人也是如此。人们常说，不能用战术上的勤奋去掩盖战略上的懒惰。因为人生其实经不起几次决策失误，有时候选择会大于努力。

比如，一个行业的快速上升期，是自带强大势能的，如果你恰好选择了这个行业，发展一定事半功倍。我们在选择一份工作时，对经济大环境、城市发展、行业发展、公司未来等都应有所考量。

我感恩自己在人生的每个阶段做的选择，并愿意为这些选择承担相应的责任。人生总有起落，起的时候高举高打，用好势能，落的时候蛰伏蓄力，寻找机会。

## 财富锦囊 4 抗风险能力

投资理财领域里有个常识是"不要把所有鸡蛋放在一个篮子里"，目的是要分散风险。这对我们的人生也有借鉴意义。

比如，在职业发展方面，很多人积极发展副业，其实是把收入来源多样化，尝试多种不同的收入机会，有效对抗经济风险。女性到底应该选择家庭还是事业？无论选择哪一个都有可能面临风险。因为把所有的时间和精力都投注在单一方面，当危机出现时，就要承担随之而来的风险。

任何危机都是缺乏未雨绸缪和用心经营的结果，就像婚姻危机，往往是因为缺少经营，而中年的职业危机，往往是没有做长线规划，缺少职业危机感和第二职业拓展的意识所致。

对女性来说，要有独立生存的资本，也要有持久经营亲密关系的能力。人格的独立就是可以定义和选择自己的幸福，同时独立让我们拥有在人际关系中进退自如的能力。只有这样，女性才能逐步走上幸福以及财富自由之路。

# 5.5

# 重视每一次成功

我在很多场合中都提出过"成功比成长更重要"这个观点，因为我发现，对于大多数普通女性来说，在她们努力获得经济独立以及财富自由的道路上，必须先重视并承担实现成功这个责任。也只有真正重视成功，取得了成功的结果，她们才能换来对人生的掌控权、话语权以及选择权。

我们重视成功，一是要逼自己离开舒适区。以创业为例，很多创业公司都坚持不过三年，而女性创业失败的概率还要高一些。在这样的境况下，如果抱着"成长比成功更美丽"的鸡汤不放，会更容易放弃。因为这是濒临困境时你选择放弃的绝佳心理暗示。

女性创业更容易失败，是因为我们停留在"成长比成功更美丽"

的舒适区里。很多女性往往"要美梦而不谈钱"，她们创业是为了满足一个梦想：我要开一家温暖的客栈，我要开一家精美的咖啡馆。最后，开客栈的时候发现，你要跟当地的工人打交道，你要让自己或者自己的客栈在社交网络上走红，你要运营维护下去，绝不是坐在沙发上晒晒太阳就可以"有朋自远方来"的。有的女性几个人平分股权，创业团队里没有领头羊，一旦公司有一点好转，大家便会为了利益而分崩离析。有的女性创业者觉得，创业就是做着玩，没有想过盈利的事情，等做大了再说吧；有的拘泥于颜面，一开始不敢谈钱，怕伤感情，结果最后谈钱更伤感情。一开始就没有清晰的分工和商业模式，最终只能让梦想变成梦境。

女性的感性思维常常超越理性思维。女性创业者在面对困难或危机时，感性的、情绪化的部分会超越她的理性思维。这也是为什么"成长比成功更美丽"这句话会广为流传，因为它是感性的"鸡汤"，而不是理性的"良药"。当遇到挫折时，我们容易放弃，安慰自己"不成功没关系，我成长了"。但是，我们究竟成长了什么？如果有理性的、清晰的评判，也许今天我们的感受会非常不同。

理性评判，制定阶段目标，以阶段性成功作为动力，只有先有了"成功比成长更重要"的观念，才会有"成长比成功更美丽"的结果。颠倒次序，你只会不断找借口让自己停留在舒适区。

二是重视成功是为了让我们拥有更广泛的选择权。我创办"幸知在线"女性心理成长平台以及"幸知商学"的初衷是帮助每一位处在情感与经济困境中的女性，寻找问题的最佳解决方案，帮助她们逐步实现情感独立与财富自由。

在这里，我想分享一些数据。最近，在 5000 名填写资料咨询情感问题的来访者中，女性占 92%。未婚情感问题占比近 30%，夫妻关系问题占比近 70%，而其中将近 52% 的夫妻问题与婚外情相关。

从这个数据中，我们能看到什么？女性为什么想创业？想要成为一名优秀的企业家？想要改变世界？这只是少数。绝大部分人创业是为了自由，为了生活自由，为了财务自由，甚至很多女性最初的目的只是经济独立，不依附于男性，让自己更有尊严地生活。

虽然现实很残酷，但是谁不希望自己能够享有更多的自主权呢？

为什么都是女性在寻求咨询？为什么在婚姻中，女性的底线往往可以一退再退？根本原因是，我们的世界太小，我们根本享有不了足够的自主权。我们看似有结婚的自由，有离婚的自由。可是今天留在一个小城市，左右邻居都是认识你的朋友，交际圈都是一个系统的伙伴，如果谈到离婚，父母是肯定会坚决反对的，觉得抹不开面子……这个隐形的选择权，是一个虚伪的选择权，是一个根本不存在的选择权。

想要有选择权，想要实现自由人生，想要不被周围紧绷的生活关系所左右，你就需要进入更广阔的圈层。而圈层的突破，一定是你靠一次又一次地冲破桎梏、突破自我的成功换来的，如此你才能享有越来越多真实的选择权。

你可能会问：我现在的条件就这样，如何才能享有更多的选择权，成为一名成功的女性呢？

## 方法一　自己定义成功

建立属于自己的幸福价值观标准。这个标准就是从心出发，想想你自己要什么样的人生，且为了达到这样的人生，你是愿意付出代价的。

女性不能用婚姻来定义成功，而要用独立自由的人格来定义成功。人格的独立就是自己定义自己的幸福。

同时，女性还要拥有在一段关系中进退自如的能力。

到底什么是成功的女性？其实真正成功的女性，不完全来自外界评价的标准，而更多的是来自自己的内心，我们要做一个接纳自己的人。

接纳自己，便是成功的首要因素，也是成功的终极要素。

在创业的第 7 年，我创办的公司已经有超过 50 万的来访者个案。我们研究了大量的情感问题，包括女性的幸福指数，我们发现，一个人过得是穷还是苦，源于他的认知和思维方式如何。

人生中所有阶段的困境，都是被我们过去狭隘的认知捆绑住了手脚。无论是婚姻幸福度的差异，还是事业的差距，很多时候真的不是源于智商的差别，也不是受到的教育有多大差别，而是源于认知和格局的不同。

认知是我们所有行为的内在逻辑，而行为是认知能力的外在表现。人的一生中，不可避免地会经历情感、压力、抉择以及失败等种种痛苦。一个人要想活得从容、自在，顺利度过这些痛苦，享受人生，都必须做到这一点——对自己负责，不论在人生的哪个阶段，都要保持学习力，不断迭代自己的认知，颠覆固化思维，拥有在学习中保持开拓的心态。

我摸爬滚打地组建了一个百人团队，创立了女性心理成长平台，从情感专家转型为创业首席执行官。我通过不断学习，冲破了自己原有的认知瓶颈，解决了困扰我的问题。当我的思维模式不断迭代，见到了越来越大的世界时，所有人都说，时光在我身上倒流，完成了逆生长。

| 方法三 | 善觉知，不设限 |

我在女性情感自立"五阶认知法"中提出，女性情感自立包括觉知、接纳、内省、蜕变、超越五个方面。

其中觉知非常重要，即你有没有发现阻碍你成长的问题在哪里，你有没有正确地评估自我。

我们曾把情感自立五阶测评的初级量表发给来访者做测验，发现有的来访者情感不够自立，但是她们的得分很高。通过访谈我们发现，她们对自我的评估可能过高。

我们终其一生都在不断觉知。我在创业的这些年，才又进一步发现了自己的擅长之处。

每个人都有不同寻常的天赋，但有些人很难发现它。我们都要通过不断怀疑、自证、再怀疑才能摸索到自己的天赋脉络，再顺其自然地发展下去。另外，一定不要自我设限，觉得"我就这样了"，而要打破局限、打开思维，跨界出新知。

有的人说，我现在每天要在家里带孩子，今天来参加聚会，孩子还得带在身边。我也有很多梦想，但没有时间和机会去实现，我该怎么办？

我把这个时代定义为"知识陪护经济"的时代。这是对女性而言最好的时代。你可以足不出户地学习知识，可以足不出户地进入新的圈层，可以在没有时间中挤出时间，可以让千百人陪你学习，督促你学习，而你离机遇只差一个给自己的承诺，就是"我要""我想要"！

# 后　记

最初写下这些文字的时候，北京已是秋天。在筹备这本书期间，我经常在北京、广州等城市间飞来飞去，身体里那些冒险的基因让我又开始了新一轮的自我挑战。

借着这本书，我有机会重新梳理了自己一路走来的经历。从职场到创业，每一次角色的转换我都历历在目。这些经历让我对女性在成长、创业之路以及情感之路上的困境感受更加深刻。

其实，女性想做点成就出来是非常难的。我们公司曾有一位女员工，她是两个孩子的母亲。她研究生毕业，非常喜欢心理学。但是她的丈夫希望她做清闲一些的工作，能帮他管理自己公司的业务。她不愿意被这样安排，甚至想过离婚，但是包括她父母在内的所有亲戚，都觉得她应该回归家庭，觉得她的抗争是在无理取闹。

她参加了一些活动，回去跟她丈夫分享，她的丈夫却有点"酸"地说：

"我们俩之间越走越远了。"这是一种很本能的反应，一些思想传统的男性，在看到妻子才华横溢，越变越好时，会感到很焦虑。

后来，她还是妥协了，她说："女人最大的能耐是让家庭和睦。"

当时我很难过，不是因为公司失去了一个优秀的员工，而是因为即使她在我身边，我也无力改变传统思维模式对女性的禁锢与限制。

当身边的同事、高管，因为丈夫、孩子等家庭原因离开公司时，我都在问自己：我们为什么要做这家公司？不就是为了女性的情感自立、财富自由和精神自立吗？为什么这个市场会存在？就是因为有越来越多女性的需求在发生变化，在整个社会浪潮的推动下，她们越来越想要争取自己梦想的东西，越来越多地追求自我实现，反抗角色固化，去寻求精神和心灵的共鸣。

在来"幸知在线"咨询的人中，全职母亲占了很大一部分，因为她们觉得自己的人生是定性的，不敢改变，觉得改变的代价太高了，而且因为长期处在稳定的环境中，她们想要出去再就业，但已经没有什么核心竞争力了。

打破思维模式，调整自我认知，不断重组架构，在传统思想和现代思维中博弈，是一个痛苦的过程，也是一个反复的过程。

曾经有同事问我，作为一个创业者，我在面试时的标准是什么？

我并不十分看重工作经验，最关注的也不是技术能力，而是应聘者身上的力量感。一个有力量感的应聘者，身上一定有向上的势能，这个势能可以补足能力的不足。力量感不够的人，在应对冲突时，容易情绪耗竭。这也是我在博士论文里的研究方向。

我们公司有一位心理咨询师，以前是上市公司的财务总监。她45岁才开始做心理咨询行业，转换职业赛道。她的身上就有一股力量感，如今，55岁的她风采依旧，比很多年轻人都有活力。

我们只有自己富足了，状态舒服了，才能够给别人带来能量。

$ 后 记

时代在发展，很多事情都在快速变化，充满了不确定性。

我有一本工作日志，上面记录了每个阶段公司遇到的挫折或者发生的变化，我一年能记下几十条。每隔一段时间，我都会拿起它翻一翻，其实来回都是那几件事，无外乎人、战略、公司架构等问题，可在经历那些事情的过程中，我极其痛苦。过去了，回过头再看，我才觉得那些根本不是事儿。

面对看似无法解决的困境，我们未必非要急切地寻求解决方案，把它记下来，然后静待成长和解决。一直朝前走，你就会发现，你现在担忧的问题，以后都不是问题。

在当前的大背景下，如果这本书能够给低落时期的女性朋友带去支持和力量，我将倍感荣幸。

让我们一起，相信时间的复利，相信坚持的复利。

在此，我要感谢为这本书提供支持的每一位朋友。

感谢在财富训练营和沟通训练营里敞开自己，分享自己人生故事的每一位学员，是你们的真诚诉说，使得我汇集了这么多典型的案例，从而让更多人受益。

感谢参与我博士论文调研的女性创业者，是你们百忙之中的参与，才让我更多地发掘了女性的情绪耗竭与创业满意度之间的关系。

最后，希望每一个你，都可以被世界温柔以待，保持希望，持续向上生长。

新绿初生，一切向新。我们的春天正好。

潘幸知

2024 年春于阳光明媚的北京

后 记